歴史文化ライブラリー

52

密教の思想

立川武蔵

吉川弘文館

目次

日本の密教

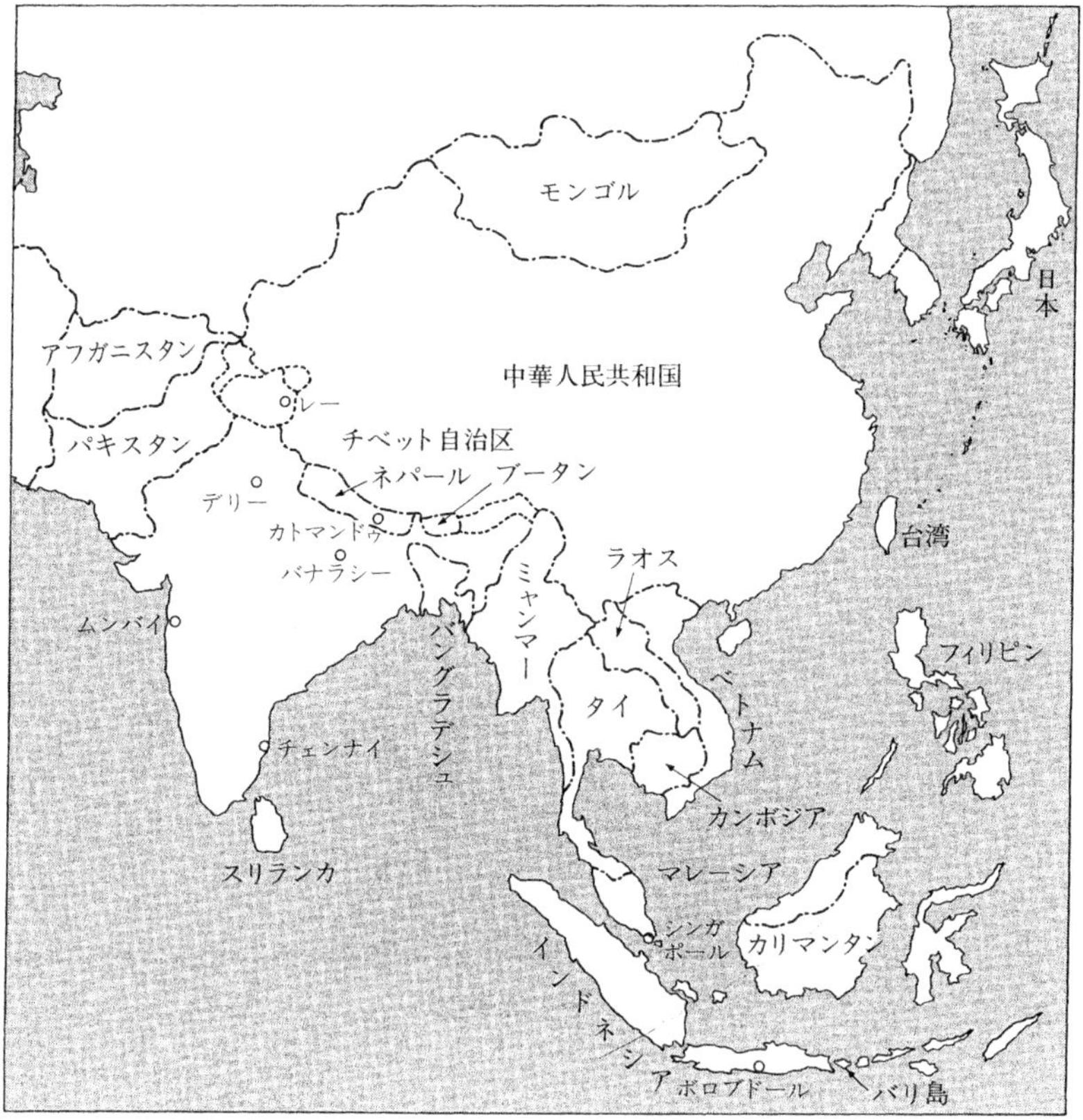
モンゴル
日本
アフガニスタン
中華人民共和国
レー
パキスタン
チベット自治区
ネパール
ブータン
デリー
カトマンドゥ
バナラシー
台湾
ラオス
ミャンマー
ムンバイ
フィリピン
バングラデシュ
ベトナム
タイ
チェンナイ
カンボジア
スリランカ
マレーシア
シンガポール
カリマンタン
インドネシア
ボロブドール
バリ島

ア　ジ　ア

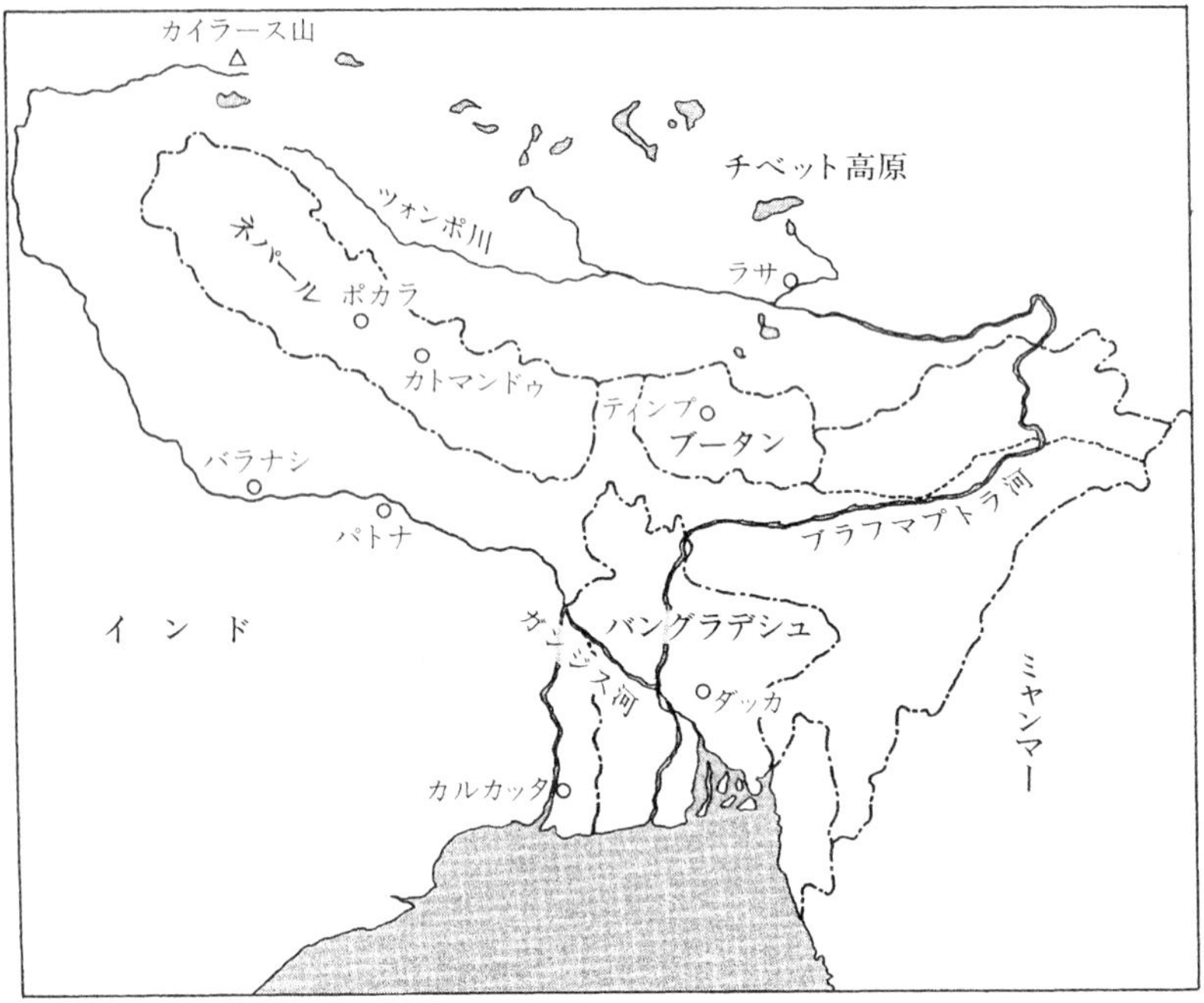

カイラース山
チベット高原
ツォンポ川
ネパール
ポカラ
ラサ
カトマンドゥ
ティンプ
ブータン
バラナシ
パトナ
ブラフマプトラ河
インド
バングラデシュ
ガンジス河
ダッカ
ミャンマー
カルカッタ

南アジア北東部

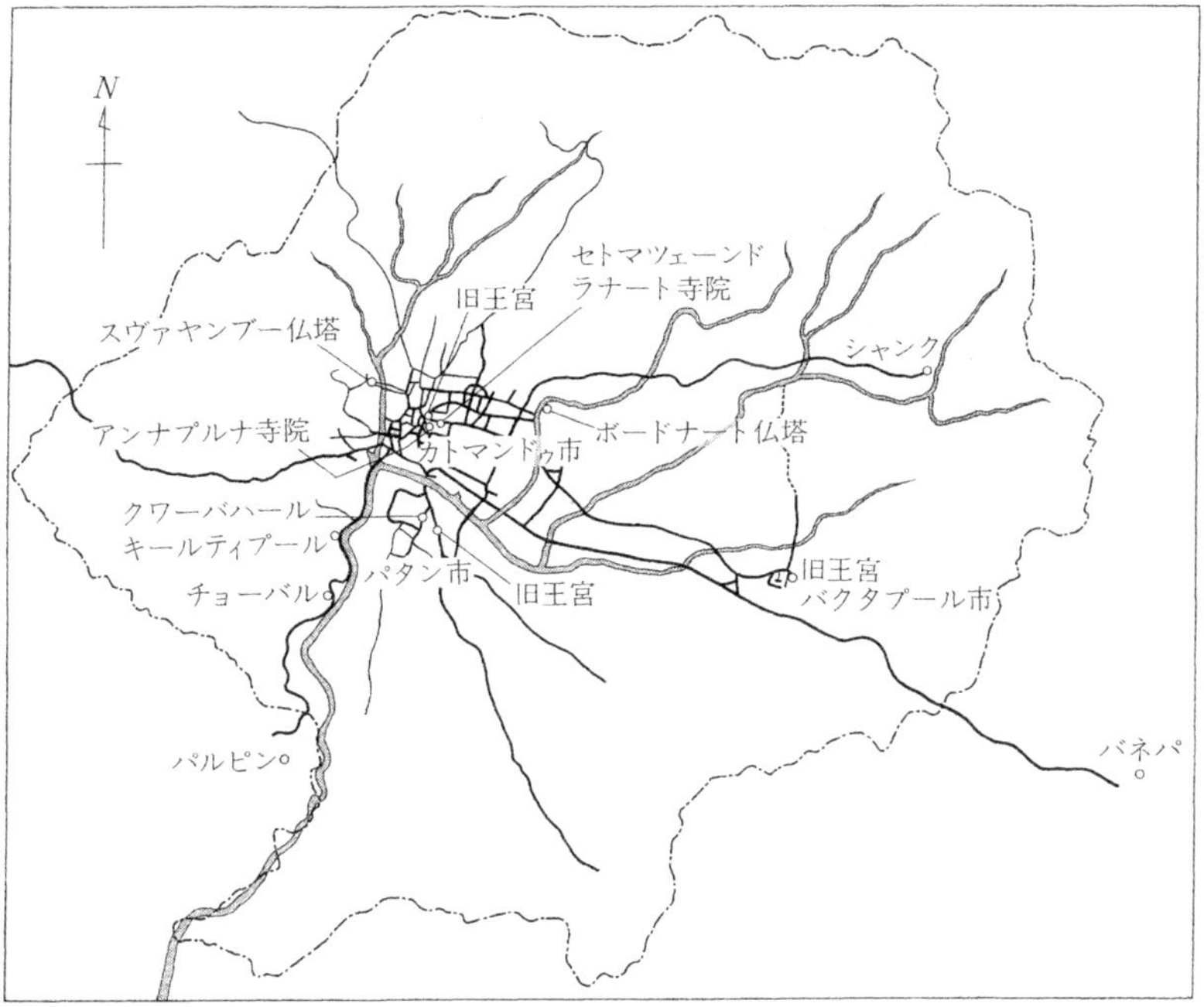
N
セトマツェーンド
ラナート寺院
旧王宮
スヴァヤンブー仏塔
シャンク
アンナプルナ寺院
ボードナート仏塔
カトマンドゥ市
クワーバハール
キールティプール
旧王宮
パタン市
旧王宮
バクタプール市
チョーバル
パルピン
バネパ

カトマンドゥ盆地

タントリズム（密教）とは何か

2

新しい道タントリズム

細かくきざんだ果実のかけらにも、こなごなに砕けた壺の破片にも宇宙原理ブラフマンは宿る、と二千数百年前のインドの宗教哲学書『ウパニシャッド』は言う。その小さなつまらぬ粒がブラフマンだとさえ言う。だが、どのような方法でわれわれは果実のかけらや壺の破片に宇宙の根源を見ることができるのか。もしも宇宙原理ブラフマン(梵)を見る、あるいはその存在を直証できるならば、宇宙の神秘もまた自らを裂き開いて見せてくれるかもしれない。

宇宙の根本原理

今日、人間は宇宙の法則を知ろうと努め、宇宙という生命体を生活のシステムの中に利用しようとしている。そのかぎりにおいて宇宙は日一日とわれわれにその神秘を見せつつあるようだ。だが、今日の自然科学の方法、態度がはたしてわれわれの真に求むべき宇宙の姿を示してくれるのであろうか。

問題は、われわれの今日の「俗化された」生の態度一般なのだ。果実や壺は通常、生を維持するための手段にすぎない。われわれには「手段」という意識さえない。無感動に生理的要求に従うままの時間、それがわれわれの存在のほとんどを占めている。そのような生のあり方を破る新鮮な意味がわれわれには必要だ。

タントリズム（タントラ主義、密教）の運動が、かつてインドにおいて興隆した歴史的状況は、われわれが今直面している状況と酷似している。それまでの世界観、生への態度に疑問を感じはじめたインドは六、七世紀以降、古い伝統に学びつつも新しい道を見出そうとした。彼らは古代の『ウパニシャッド』（紀元前八世紀以降）の哲人たちが直証したブラフマン、あるいは宇宙の根本原理を自らの新しい方法によってふたたび証明しようとしたのである。

タントリズムの要素

タントリズム（密教）は、その起源を『ヴェーダ』（インド・アーリア人の最古の文献であり、主として神々への賛歌である）の宗教、あるいはそれ以前のインダス文明に持ちながらも、インドの思想史の中では最も遅く有力になった思想・宗教形態である。ヒンドゥー教の経典の歴史は通常、『ヴェーダ』（賛歌集）、『ウパニシャッド』（宗教哲学書群）、『プラーナ』（叙事詩）、そして『タントラ』というように考えられている。インド仏教の経典はプラーナとタントラの時代に平行して編纂され、仏教においても膨大な数のタントラ経典が著された。

タントラは儀礼やシンボリズムの要素を多分に含んだ宗教形態であるが、そのような要素はすでにヴェーダにたしかに含まれている。タントリズムの重要な要素であるマントラ（真言）は、明らかにヴェーダにおけるマントラを継承したものであろうし、ヴェーダ祭式に見られるエロティックな所作と、そのシンボリズムはタントリズムのそれを先取りしていると見ることができよう。このような視点から見て、タントリズムの始まりが、ヴェーダ、特に呪術的要素を多く含む『アタルヴァ・ヴェーダ』にすでに存在すると指摘する研究者は多い。しかし、狭義のタントリズムが有力な思想・宗教形態として全インドに勢力を得るのは、紀元六、七世紀以降であり、またタントリズムのすべての要素をヴェーダの中に見出すことはできないのである。そして、この思想・宗教形態は、今日に至るまでインドおよびその周辺の地域において存続している。

タントリズムは、汎インド的な宗教・思想運動であり、仏教、ヒンドゥー教、ジャイナ教など、それぞれの宗教にタントリズムの要素を強く含んだ部派あるいは宗派が存在する。それぞれをここでは「仏教タントリズム」、「ヒンドゥー・タントリズム」、「ジャイナ・タントリズム」と呼ぶことにしたい。なお、わたしは「タントリズム」と「密教」とを同意義に用いる。したがって、「仏教密教」「ヒンドゥー密教」「ジャイナ密教」という呼び方も可能である。

ヒンドゥー教においても仏教においても、タントリズムの要素を強く有した部派と、その要素を持つことを拒否した部派とが存在したし、今もなお存在している。それぞれの宗教におけるタントラ的部派と非タントラ的部派との関係はさまざまである。両者は反目したり、相互補完的関係にあったりする。

タントリズムはその古い起源から続くものであれ、後の歴史の中での土着的要素の影響のせいであれ、非アーリア的要素を有しているが、かといってタントリズムが常に正統派バラモンの勢力と反目したというわけではない。バラモン階級に属するタントリストたちが非タントラ系の哲学の体系に劣らぬほどの精緻な体系を作りあげ、その体系の見事さを正統派バラモンたちが認めたという例もある。もっとも多くのバラモンたちはタントリズム一般を蔑視してきたし、そのような態度は人や地域によって程度の差はあるが今日もなお続いている。

ルヌーとフィリオザの『インド学大事典』（金花舎、全三巻、一九七九～八一年）は、完全なタントリズムは理論上四つの部門より成り立つと述べている。その四つとは、(1)神の認識、すなわち、救済的目的を有する神学、(2)ヨーガ、すなわち(1)の目的に達するための方法、(3)礼拝上の実際、すなわち尊像の制作、寺院の建設などに関する知識、および(4)自らの宗教形態が社会的機能を果たすための方法、であるが、歴史的にはこれらの部門をすべて完備するタントリズムはない。これらの四つのうち、どの部門に重点を置くかはそれぞれの形態によって異なるが、タントリズムの全体的な傾向としては、第一の部門を犠牲にしていると『インド学大事典』は指摘する。

この指摘はタントリズムの構造全体を理解する場合に示唆的だ。もっともカシミール・シャイヴィズム、仏教タントリズムなどが精緻にして壮大な哲学体系を有することで知られているように、タントリズムが常に哲学あるいは神学を軽視したわけではない。さらに、チベットや日本においては、タントリズムが上記の四つの部門を完備することは忘れられてはならない。

現世拒否的態度の緩和

煩悩と悟り

仏教タントリズムと非タントラ系仏教との相違に注目するならば、タントリズムの特質が浮かびあがる。仏教は少なくともインドにあっては基本的に出家僧のためのものであり、その教理と実践形態は出家僧それぞれの精神的至福の獲得へと向けられていた。初期仏教、初期大乗仏教などの非タントラ系の仏教徒は、煩悩《ぼんのう》や業《ごう》の止滅の結果、顕現する悟りを得ようとした。

後世の仏教タントリズムの目的も基本的には初期仏教のそれと変わらなかった。また、仏教のタントラ理論の一部が在野の行者たちによって構築されたことはあったとしても、そのほとんどは僧院の中で、つまり、戒律を守っている僧たちによって作りあげられた。その僧たちの最終的な目標が、涅槃《ねはん》あるいは悟りであることは、非タントラ系仏教の場合と同様である。

涅槃、悟りを得るためには「俗なるもの」としての煩悩や業を何らかのかたちで否定しなければならない。タントリズムもやはりある種の自己否定を通じて、精神的至福を得ようとする。タントラ仏教といえども非タントラ系仏教を基礎としており、煩悩や業の止滅を通じて悟りを得るという伝統的立場から完全に離脱してしまうわけではない。しかし、その否定のあり方はやはり大いに異なっている。

タントリズムの特質

非タントラ系仏教においては、不浄なる俗なるものとして忌み嫌われ否定の対象となってきたもの、たとえば性行為や血・骨・皮が、仏教タントリズムにおいては「浄なる聖なるもの」、あるいは「良き聖なるもの」として肯定されるようになった。仏教の中において究極的に到達すべき境地へ至るためにこそ、それらの要素が新しい有力な手段であると考えられるようになったのである。

タントリストたちは、元来、拡張と増殖を求める生物学的生命体である人体の活動、あるいは人間の生活の中に必然的に存在するが、それまで禁欲的な実践形態を採る宗教にあっては「不浄」とされ日常生活で忌避されてきたものを肯定的に評価した。それをたんに肯定したばかりではなく、「良き聖なるもの」としての意味を与えたのである。つまり聖化したのであった。

現世拒否的態度の緩和というべきこうした傾向は、ヒンドゥー・タントリストたちの間でも見られる。彼らの中でも、それまで忌避されていたり無視されていたものが肯定的な評価を受けるようになった。十世紀以降のインドでは、血の儀礼を中心とした女神崇拝（シャクティズム）が社会的に大きな影響力を得るに至った。ヴェーダの宗教や初期のヒンドゥー教にあっては、女神崇拝の勢力は微々たるものであった。しかし、十二、三世紀以降、地域によってはシヴァ派やヴィシュヌ派よりも大きな勢力を女神崇拝は得た。ほとんどの場合、それらの女神崇拝はタントリズムの要素を多分に有するものであった。このタントラ系の女神崇拝は現在、ベンガル地方やカトマンドゥ盆地などで盛んに行われている。

寂滅の道と促進の道

インドにおけるタントリズムの運動は、まず仏教の内部で活発となった。紀元六〇〇年ごろから急激にタントラ系の仏教が興隆し、七世紀ごろの成立と推定される『大日経《だいにちきょう》』によって仏教タントリズムは確立された。それ以降、十三世紀ごろまで、インドにおいてタントラ仏教の運動は盛んであった。

ヒンドゥー社会の中で、タントリズムの運動が実質的に始まったのは八世紀ごろと考えられている。それ以後、今日に至るまでヒンドゥー・タントリズムの伝統はインドにおいて存続している。ただインド社会の中でヒンドゥー・タントリズムの影響が顕著となるのは、十二、三世紀以降のことであった。つまり、仏教タントリズムの活動がヒンドゥー・タントリズムのそれに先行したのである。非アーリア的要素をより多く含む仏教の方がタントリズムの要素を採り入れることに抵抗が少なかったということがその理由の一つと考えられよう。

現世拒否的態度の緩和という歴史的状況を、われわれは、インドの伝統的な二つの「道」すなわち、寂滅《じゃくめつ》の道と促進の道によって表現することができる。

われわれの心作用・行為、さらには現象世界の存在までを否定さるべき「俗なるもの」と規定し、その否定の結果として、精神的な至福・悟りなどを得ようとする態度は、古来寂滅の道（ニヴリッティ・マールガ）と呼ばれてきた。初期仏教の僧侶たちはこの方法を採った。この方法と並んで、促進の道（プラヴリッティ・マールガ）と呼ばれる態度がある。これは、われわれの心作用・行為、あるいは世界を否定するのではなく、積極的に富や名声の獲得へと自らのエネルギーを駆り立てる道である。寂滅の道は精神的至福（ニヒシュレーヤサ）にわれわれを導き、促進の道は世俗的繁栄（アビウダヤ）に導く、というのがインドの伝統的理解であった。出家者・苦行者などは前者の道を歩み、家長・武士・商人たちは後者の道によると考えられた。

タントリズムは、寂滅の道を基調としながらも促進の道の要素をも多分に取り入れる。タントリズムの専門僧たちは、彼ら自身の精神的至福を求めるための態度として自己否定・現世拒否を続ける。が同時に、彼らは自然的生命体のエネルギー活動のいくつかの側面に対するそれまでの否定的態度を止めて、むしろその活動を促進させる（プラヴリッティ）道を取る。究極的な場における自己変革のための有力な手段として促進の道が重視されたことがタントリズムの特質の一つである。したがって、タントリズムにおいては現世拒否的態度の緩和が見られる、ということができる。

この現世拒否的態度の緩和は、後世、密教教団あるいは宗派が社会的に大きな勢力を保存させる要因の一つともなった。たとえば、カトマンドゥ盆地のネワール密教では僧たちはほとんど妻帯しており、このことが、今日までネワール密教が存続し得たことの一因と思われる。

儀礼と「神秘」

儀礼の重視

現世拒否的態度の緩和とならんで、タントリズムに目立つ特性として儀礼の重視をあげることができる。儀礼は、精神的至福を求める個人的宗教実践よりは、むしろ僧院・血縁的共同体・部族社会などにおける集団的宗教行為として機能を発揮するものであるが、タントリズムにおいては、個人的宗教実践も主として儀礼の枠組の中で、すなわち儀礼のかたちを採って行われ、儀礼の有する「外的な装置」の助けを借りて、その活性化を目指すのである。一方、タントリズムはその儀礼の中に個人的宗教実践の要素を含むことによって、バラモン正統派や大乗仏教の精緻な知的体系を取り入れようとした。このようにして、タントリズムにおいては、個人的宗教実践と集団的宗教行為との統一が図られるのである。

初期仏教教団は儀礼を完全に拒絶したわけではなかった。しかし、後世の仏教タントリズムと較べるならば、初期仏教にあっては儀礼の要素ははるかに少ない。仏教タントラ系の部派が急激に勢力を得るようになった六〇〇年ごろからは、仏教徒の一部が自らのシステムの中に供養法（プージャー）とか護摩《ごま》（ホーマ）というような儀礼を盛んに採り入れることによって、集団的宗教行為の有している要素をも得ようとした。それによって、仏教タントリズムはそれ以前の非タントラ仏教の有しなかった、あるいはわずかな要素でしかなかった宗教実践の手段を得ることになった。そのことは一方で、祭壇の作り方、供物の捧げ方、弟子の僧への灌頂《かんじょう》の授け方など、それ以前はあまり注意を注がなくてもよかったことがらにも多大なエネルギーを注がねばならなくなったことを意味していた。

このようにして、仏教はその当初においてはかのルヌーとフィリオザの言うタントリズムの四部門（五ページ参照）のうち、第一と第二にもっぱら関わっていた。しかし、タントラ仏教においては第三の部門や制限されたかたちではあったが、第四の部門も備えざるを得なくなった。これは、タントリズムの興隆の時期に仏教徒集団もヒンドゥー教との抗争のなかで自分たちが関わる世界を広げざるを得ない歴史的状況のなかにあったことを示している。

仏教タントリズムとの比較でいえば、ヒンドゥー・タントリズムはその当初からかの四部門を備えていた。ヒンドゥー教は元来、出家僧の集団のためのものではなく、ヒンドゥー教とは伝統を異にする地方的文化の担い手を除いては、ほとんどすべてのインドの人々を対象にした宗教形態であった。誕生祝い・成人式・結婚式・葬儀など、一般の人々の通過儀礼を執行する義務および権利をバラモン僧たちはその当初から有していた。タントリズムの運動が仏教において先行したのも、ひとつには、儀礼を重視するタントラ的要素がヒンドゥー教には元来、存在したからであり、仏教の方がより切実に自らのシステムの中に儀礼主義を取り入れる必要に迫られたせいだとも言うことができよう。

一方、もともと儀礼主義の要素を多分に有していたヒンドゥー・タントリズムも儀礼をますます重視するとともに、その儀礼の性格を特異なものとしていった。ヴェーダの宗教では忌避されていた要素、たとえば血・骨・皮・性行為といったものが、仏教タントリズムにおけると同様に、重要な意味を持つようになり、各地方の崇拝形態の要素が表面に浮かびあがってきた。このように、仏教およびヒンドゥー教においてタントリズムの台頭する形態は異なってはいたが、ともに儀礼とシンボリズムとの機能を重視する点では一致していた。

タントリズムの「神秘」

儀礼においては、それぞれの宗教が歴史的に形成し維持してきた意味が人間の外的行為を通じて演じられる。儀礼における言葉・所作は、タントリズムの儀礼であろうとなかろうと、「聖なるもの」の顕現を目指している。ただ、タントリズムの儀礼は、そこで用いられる言葉・道具・僧たちの所作がしばしばそのまま「聖なるもの」そのものとなり得る、という前提を有している。少なくとも、それらのものが帯びる「聖なる」電荷は異常に高い、とされている点に特徴がある。

儀礼においてシンボルが機能して意味を発揮する。儀礼においてシンボルが「聖なる」意味を有する場合、われわれは通常そのシンボルが「聖なるもの」そのものの顕現とは考えない。シンボルはあくまで目印にすぎないからだ。しかし、タントリズムの儀礼においては、目印としてのシンボル、たとえば金剛鈴《こんごうれい》とそれによって指し示されるもの、すなわち智恵との距離はすこぶる近く、時には両者は一致すると考えられる。この態度は偶像崇拝と間違えられるかもしれない。だが、タントリストたちは自分たちの儀礼あるいは実践がシンボルの意味操作により自分たちが作りあげたメタ世界であることを知っているのであって、偶像崇拝と呼ぶべきものではない。

タントリズムは、しばしば「神秘的」と形容される。香のたちこめる閉じられた空間の中で太鼓やシンバルのリズムの中で行われるタントラ儀礼には、たしかに異様な雰囲気がある。しかしながら、それは日常の世界の奥の、通常の人間では体験できない「遠いもの」に関わっているから、「神秘的」なのではない。逆である。つまり、日常の世界にはない「聖なるもの」が、人間・言葉・水・火などの日常のものとして「近く」に出現するから「神秘的」なのである。タントリズムの儀礼は、そのような意味での「神秘」あるいは「日常の秘儀」を顕わにするための装置である、と規定することができよう。

タントリズムの実践や儀礼においては、「聖なるもの」を日常の「俗なる」場に出現させるエネルギーは、主としてヨーガによって生み出される。ヨーガの歴史は、前半期と後半期に二分される。紀元前七、八世紀にはインド人たちは特殊な精神生理学的な訓練によって、ある種の神秘的体験を得ることが可能だと知っていたようだ。仏教の開祖ブッダは古代における優れたヨーガ行者であった。彼以後もヨーガの伝統は間断なく続くのであるが、タントリズム興隆期にヨーガもまた明らかな変化を体験した。その変化は、寂滅の道から促進の道への変質と平行するものであった。それゆえ、紀元六、七世紀までの間に完成されるヨーガを「古典ヨーガ」と呼び、それ以降、主導的になるヨーガを「タントラ的ヨーガ」と呼ぶことができよう。もっとも「古典ヨーガ」は消滅してしまうわけではなく、その形態を今日に至るまで持ち続けている。禅も「古典ヨーガ」の一種と考えることができよう。今日、日本や欧米で広く実践されているハタ・ヨーガは、十一、二世紀以降に確立されたものであり、「タントラ的ヨーガ」の一種である。古典ヨーガは、一般的に言って、実践者の心の作用を統御し、さらにそれを止滅させようとする。一方タントラ的ヨーガは心の作用を止滅させる、鎮めるという方向にではなくて、活性化、増強するという方向に働かせる。古典ヨーガでは心作用は否定されるべき「俗なるもの」であり、それが寂滅へと導かれた結果として「聖なるもの」としての智恵あるいは神が顕現する。

ヨーガの変質

それに反して、タントラ的ヨーガでは心作用は、少なくとも古典ヨーガにおけるようには「俗なるもの」として否定されることはなく、むしろ肯定さるべき「聖なる」心的・宇宙的エネルギーの活動と考えられた。タントリストたちは心作用のエネルギーを変質させて、眼前に立ちあがる神あるいは仏たちへと作りあげる行法（成就法）に多大な関心を寄せた。仏教タントリズムでは行者の心作用は本来、仏の姿なのであるという前提があり、それゆえにこそかの行法は実践可能となったのである。

ヴェーダ祭式とヨーガ

聖帯を受けてバラモン社会の一員となることができなかったマハーラーシュトラの聖者ジュニャーネーシュヴァラ（十三世紀後半）が、ヨーガ行者であったことは、ヨーガの本質を物語っている。バラモンを中心とした文化とヨーガの伝統とは元来、異質のものであった。ヴェーダ祭式を中心としたバラモン教にとっては、ヴェーダに基づく儀礼が最も重要だったが、ヨーガはヴェーダの祭式をまったく必要としなかった。

集団的行為としての祭式

インド・アーリア人がカブールの谷を通って五河地方に入ってきたのは紀元前一七〇〇年ごろのことである。彼らは鉄器を用いてインドの原住民を征服し、アーリア文化を築いた。紀元前一二〇〇年ごろから一〇〇〇年くらいまでに『リグ・ヴェーダ』と呼ばれる聖典が編纂されたと推測される。これは祭式において祭官が神に向かって歌ういわゆる祭詞を集めたものである。『リグ・ヴェーダ』が編纂される以前は、祭詞を専有する職業的歌い手の集団がいくつも存在した。そうした詠い手の諸集団は互いに競いながら、その伝統をそれぞれの子孫たちに残していった。彼らが後にバラモン（婆羅門）階級、つまり僧侶の階級を形成することになるのである。

「バラモン」とは厳密には「ブラーフマナ」と言う。これは「ブラフマンを有するもの」を意味する。すでに述べたように「ブラフマン」とは一般には宇宙の根本原理と理解されており、「梵」と音字される。しかし、元来は呪力ある言葉のことを指した。そのような言葉の集大成がヴェーダに他ならない。ヴェーダを祭式において用いることはバラモンたち、すなわちブラフマンを専有するものたち以外には許されなかった。祭詞は、聞く者たちをより一層魅するものでなければならず、また効果的に聞こえる必要があった。そのために、ヴェーダの詩人（カヴィ）たちにとっては、詩的発想力（ディー）が不可欠だったのである。この発想力は、ソーマ酒を飲むことによって開発された。ソーマ酒とは、大麻なのか一種のきのこ（フライア・ガーリック）なのかよくわかっていないが、そのしぼり汁と牛乳を攪拌して発酵させたものらしい。それには幻覚作用があり、祭官たちは神に捧げ、自らも飲んだのである。

ソーマ酒を捧げる祭式はヴェーダ祭式の中で基本的なものであるが、ヴェーダ祭式の重要な部分が幻覚剤による一種の興奮状態の中で行われたということを忘れてはならない。と同時に、幻覚剤による興奮状態とヨーガによって到達される境地も異質のものであることを知っておく必要がある。

ヴェーダ祭式のもう一つの基本はホーマである（図1）。「ホーマ」とは火の中にバター油と餅を投げ入れて神々に対する供物とするものである。日本における護摩《ごま》は「ホーマ」の音字であり、バラモンたちのホーマが仏教タントリズム（密教）の中に組み入れられたものである。ヴェーダの中の「呪力ある言葉」であるマントラ（真言）を唱えながら、バラモン僧たちはホーマ祭を行うのである。ホーマの最も基本的なものは新月と満月の時に行うもので、数人のバラモン僧たちが分業システムをとって数時間に及ぶ祭式を執行する。この場合には、ソーマ酒のような幻覚剤あるいは興奮剤は用いられない。米粉から餅を作って焼き、祭壇を儀礼的に設けて、その祭壇の中心にある火炉の中に供物としての餅とバター油（バターを熱した際、浮き上がってくる半透明の油。「ギー」とも呼ばれる）を投げ入れる、というのがヴェーダのホーマの大筋である。もっともヴェーダ祭式はヒンドゥー教の時代には下火になっており、それに代って供養祭（プージャー）などが中心的儀礼となっていたと思われる（図2）。それでもなおヴェーダ聖典の権威は絶大であったことは確かである。

個人的行為としてのヨーガ

このようなヴェーダ祭式と比較するならば、ヨーガの特質がより一層明らかとなってくる。つまり、ヴェーダ祭式は、時間と場所の定められた集団的宗教行為である。もちろん、ヴェーダ祭式の中にはバラモンの義務として日時の決ま

図1　護摩（ホーマ）をたくバラモンの僧とその妻
（ナーシク，インド）

図2　象面神ガネーシャに対する供養祭（プージャー）
（プーナ，インド．堀秀夫氏撮影）

っている「定期のもの」のほかに、祭式の執行を依頼するパトロンの必要に応じて行う「不定期の祭式」も存する。その場合も、その日時は暦などを見て「吉祥なる日」が選ばれる。一方、ヨーガは個人的宗教行為である。ヨーガ行者は暦を見ながらヨーガの実践のための「吉祥なる日」をさがす必要はなく、自らの実践を物理的にさまたげられなければ、場所を選ぶこともない。ヨーガ行者に誰かが食物を布施することはあったとしても、代金を払ってヨーガ行者にヨーガの実践を依頼することはない。行者とおぼしき人物がヨーガの難しい坐法をして見せて謝金をもらったとすれば、それは曲芸であろうし、瞑想に入った人物に何らかの頼みごと――たとえば、紛失物の発見、将来の予見など――をすれば、その行者の行為は呪術である。呪術者は自己犠牲を必要としない。呪術者は、「聖なるもの」と「俗なるもの」との相違を利用することによって目的を遂げようとする。呪術においては行為者が目的のために自らの力を増大させることはあっても、自らを止滅させるべき「俗なるもの」として捉えることはない。一方、ヨーガ行者は常に自己犠牲を払わねばならない。ヨーガにあっては、原則的には、自己を葬り去ることによってそれまでには見ることのできなかった、新しい何ものかを得るのである。

輪廻《りんね》の世界からの脱出、つまり解脱《げだつ》は、あくまで個人の決断と意志による計画的・反復的行為である。ある指導者――たとえば、モーゼというような――によって率いられて集団が一つの地域から脱出するというようなことは、インドにおいてはほとんど問題とならなかった。ヨーガは常に個体と宇宙との関係に関わってきたのである。

タントリズム（密教）においては、ホーマ（護摩）に代表される型の宗教行為（集団的宗教行為）と、ヨーガに代表される型の宗教行為（個人的宗教行為）が統一されるのであるが、この二つの異なった型の宗教行為の統一こそタントリズムの特質の一つである。

ヒンドゥー・タントリズムの宇宙観

古典ヨーガ派の世界観

インドの哲学・宗教にあっては、世界から超越した世界の創造者の存在を認めない。インドでは世界の根本原因は世界の中に求められたのである。インド最古の文献『リグ・ヴェーダ』の「宇宙開闢《かいびやく》の歌」では「唯一のもの」が展開して現象世界となると述べられ、同じく『リグ・ヴェーダ』の「原人の歌」では原人の上部四分の三が本質界であり下部の四分の一が現象界であると述べられた。世界の根本原因あるいは神的存在を世界の中に求めようとするこのような考え方は、ウパニシャッド、インド正統派哲学、仏教、さらにはそれらのタントリズムにも受け継がれている。

インド正統派哲学の一学派であるサーンキヤ哲学によれば、この現象世界は原質（プラクリティ）の展開（転変、パリナーマ）によってかたちづくられる。原質が展開して現象世界のかたちを採ったときには、原質は元来の性質や姿を失っている。一方、サーンキヤ哲学は、原質とは別に霊我（プルシャ）という原理を立てる。霊我は原質の展開を見守るのみであって現象世界の形成にはたずさわらない。サーンキヤ学派の人々にとってこの二つの原理の区別を明確に知ることが解脱《げだつ》へと至る道なのである。

古典ヨーガ学派の世界観は、サーンキヤ学派のそれに依存している。ヨーガ行者たちは、心の作用を統御し、寂滅の道に従うことによって原質の働きを止滅させる。すると、霊我の光がヨーガ行者に輝くのである。つまり、サーンキヤ学派とヨーガ学派の人々にとって、原質の展開に基づくこの現象世界は負の価値、すなわち否定さるべき「俗なるもの」としての価値を有している。これに反して、タントリズムにおいては、サーンキヤ学派の原質に相当する世界をかたちづくる素材は正の価値、つまり、肯定さるべき「聖なるもの」としての価値を有する。ここにおいても、古代における主導的な寂滅の道が変質を受けているのを見ることができよう。

インドのバラモン正統派哲学の最大の学派であるヴェーダーンタ学派の不二一元論を代表するシャンカラ（紀元八世紀ごろ）は、ブラフマンのみが唯一の実在であり、われわれが見ていると錯覚しているこの現象世界は無明（無知）によって存在すると考えられているにすぎないと主張する。ブラフマンは元来は属性をまったく持たないのであるが、現象世界はその属性であるかのように化現するという意味で、シャンカラの説は化現説と呼ばれる。この立場にあっても現象世界は、サーンキヤ学派や古典ヨーガ学派の場合と同様、負の価値を有する。つまり、シャンカラにとって現象世界は究極的な救済（解脱）を得るためには障害の一つにすぎない。シャンカラも寂滅の道を歩む者なのである。

タントリズムの世界観

ヒンドゥー教のタントリズムの世界観のひとつの典型として、シャイヴァ・シッダーンタ派の学説がある。ヒンドゥー・タントリズムの中には、サンスクリットの経典を有する派とタミル語などの非サンスクリットの経典を主として有する派とがある。またヒンドゥー・タントリズムはシヴァ派系、ヴィシュヌ派系、シャークタ派（女神崇拝派）系のそれぞれに分かれている。サンスクリットで書かれた経典を有するシヴァ派系のタントリズムの一派が、シャイヴァ・シッダーンタ派である。

シャイヴァ・シッダーンタ哲学は、三六の原理の存在を認める。始原の状態にある宇宙では、パラマ・シヴァ（最高シヴァ）とパラー・シャクティ（最高の力）とが「太陽とその光源のように」存在しており、それらとともに無形の、すなわち原因としてのマーヤー（幻）と極微のかたちの霊魂もまた存在している。パラマ・シヴァとパラー・シャクティからは始原力（アーディ・シャクティ）が生まれる。「シャクティ」とは、元来は力を意味するが、妃・女神をも意味する。男神の力の具現が妃（女神）と考えられたのである。

一方で、原因としてのマーヤーは、結果として「浄なるマーヤー」と「不浄なるマーヤー」の二種に変質する。さらに後者は「不浄なるマーヤー」と「浄不浄なるマーヤー」に分かれる。マーヤーはシヴァと異なるものであるとともに同一なるものでもあるが、このマーヤーが現象世界の成立の実質的基礎となる。この場合の現象世界はかの原子（極微）のかたちを採っている霊魂にとっての世界のことである。

霊魂が「浄なるマーヤー」の力の中にあるときには、霊魂は原子のかたちで存続する。シヴァの力によって「不浄なるマーヤー」が活性化されるや否や、霊魂は身体、感覚器官、感官の対象、現象世界を与えられるのである。このようなマーヤーの活動と平行して、かの始原力は活動を続けている。つまり、マーヤーの活動はシャクティ（力）の活動にほかならない。

「浄不浄なるマーヤー」からは、時間・知・執着などの五つの制約が生まれ、これによって規制されると、霊魂は「プルシャ」と呼ばれる。タントリズムには属さないサーンキヤ哲学におけるプルシャは時間・知・執着などの制約を受けることはないが、タントリズムにおいては現象と本質との区別がほとんどなくなるのである。「不浄なるマーヤー」すなわち「原質のマーヤー」からは、三種の自意識が生ずる。それぞれの自意識から眼・耳・鼻などの感覚器官、手・足などの行為器官、形・声・香などの感覚の対象が生ずる。さらに、香からは地が、味からは水が、形からは火が、感触からは風が、声からは虚空が生まれる。このようにして、霊魂すなわちプルシャにとって世界が生まれるのである。

シャイヴァ・シッダーンタの学説によれば、このようにして最高神シヴァは自らの力（シャクティ）によって宇宙を創造する。シヴァはその創造の過程にあって姿を隠してしまうのではなくて、その創造の作業の中心でありながら、その作業によって「汚される」ことはない。シヴァはシャクティ（力）を有するものであるが、この理論ではシャクティとシャクティの所有者とに区別はない。少なくともその区別が重視されることはない。この場合、シャクティは現象を生む力であるとともに結果としての現象でもあり、その「所有者」、すなわち男神は現象世界の本質と考えられる。

タントリストの希求

シャンカラの化現説では、現象世界は実在ではなく、ブラフマンのみが実在であった。シャイヴァ・シッダーンタの学説では、現象世界と神シヴァはともに実在であり、世界はシヴァの妃の働きに他ならない。したがって、シャンカラにあっては否定さるべき無明（アヴィドヤー）は、シャイヴァ・シッダーンタの場合には女神の働きそのものであり、それは否定さるべきものとはならない。たしかに、シャイヴァ・シッダーンタにあっても世界は「不浄なるマーヤー」から生まれた。しかし、だからといって、その世界は止滅さるべきものとは考えられていないのである。

タントリストたちが求めたものは、男神シヴァ（本質）とその妃シャクティ（現象）の融合の中に溶け入ることである。その求むべき融合は厳しい否定的修練を通じて、到達しなくとも得られるものであるように実践者たちの眼には映る。それは苦行の道よりも実際にはより困難なのかもしれない。しかし、ともかくもその融合には従来の寂滅の道とは異なった道を歩いている新鮮さがあったのであろう。

　シャイヴァ・シッダーンタの学説に従う者たちにとって、現象世界と神シヴァとがともに実在であることそれ自体が重要なのではない。両者が実在であるがゆえに「良き聖なるもの」としての価値を、神シヴァが有するのは当然として、現象世界も有していることが重要なのである。哲学的に実在であっても、たとえば、アビダルマ仏教の世界構成要素におけるように、「聖なる」価値を有しないこともあるからだ。

　ヒンドゥー・タントリズムにあっては、一般にシヴァやヴィシュヌなどの中心となる神と現象世界とは実在と考えられるが、仏教タントリズムにおいては、ヒンドゥー・タントリズムにおけるようには実在とは考えられていない。もっとも、仏教タントリズムの世界は、仏教八宗の祖といわれる竜樹《りゅうじゅ》（ナーガールジュナ、紀元一五〇～二五〇）の『中論《ちゅうろん》』におけるよりは「有的」ではあろうし、促進の道の要素をいくぶん含む程度には「存在するもの」としての性格を強めているかもしれない。しかし、仏教タントリズムは根底では「色（かたちあるもの）は空である」という伝統的態度を崩さないのである。

　しかし、ヒンドゥー・タントリズムも仏教タントリズムもともに、現象世界が「良き聖なるもの」としての価値を有していることは認めている。前者においては、世界が神のエネルギーの放射体であり、それは実在すると考えられ、後者においては世界は空性がその機能を働かせることによって出現させた姿だと考えられる。前者においては、人は神の中へと帰入することを目指すが、後者では、人は空が出現させた姿の中に生きようとする。いずれにせよ、タントリストたちは、現象世界の「奥に」神を見るのではなく、現象世界の中に、あるいは、迷いの世界を断った空性が姿を採って現われた「聖化された世界」そのものの中に、神あるいは究極的真理を見ようとするのである。

儀礼に用いられる道具、神々のイメージを伝える神像、儀礼における人間たちの所作、ヨーガを行う者たちの心の作用など、すべてがタントリズムにおいて「良き聖なるもの」としての価値を与えられるが、それはこれらのものがすでに「聖化された」存在であり、宇宙の神秘をそれらの姿のままに隠すことなく見せているからなのである。そして、この宇宙の神秘の出現を感得しそれに融合することによって、実践者は自らを「聖なるもの」となすことができる。

しかし、このタントラ的方法は、容易なように見えて、実際には非常に難しく、また危険ですらある。眼前に展開する現象世界を「聖化されたもの」として受け取るためには、寂滅の道の場合よりもはるかに強度の緊張を長時間必要とするからだ。もしもその緊張を欠くならば、タントリズムはたんなる現世肯定あるいは現世利益《げんぜりやく》を求める呪術となってしまうという危険が待ちかまえている。眼前に宇宙の神秘を見続けるために、タントリストたちは途方もない大きな代償を支払わねばならない。

すでに述べたように（二二頁）、宗教としてのタントリズムと呪術（あるいは魔術）との相違は、前者がつねに自己否定によって裏うちされていることだ。病気治癒などの目的のためにのみ身体技法によって得られた力を用いるのは呪術であって、宗教ではない。

タントリズムの歴史的背景

仏教とヒンドゥー哲学

仏教の基本的態度と初期大乗仏教

仏教の開祖釈迦（シャーキャ・ムニ）が生まれ、悟りを開き、説法を始め、教団を守り、そして没した地域は、インド亜大陸の中では決して広いものではなかった。彼が生まれた地ルンビニーは今日ではネパール領にあり、二千数百年の昔には群小国家が乱立していた地域の一地方という以外にはとりたてて重要な場所ではない。釈迦の活動範囲は、バラモン文化の中心地ベナーレス（ヴァーラーナシー）に接しながらも、そこからインド亜大陸の内部に入っていくことはなかった。ベナーレスを通りながら、やや西よりに斜めに引かれた線の東側が釈迦とその弟子たちの活動場所であった。

仏教は「インド」の地で生まれたが、インドの精神史を通じてそれは常に異端児であった。母なるインドは自ら生んだ子を自ら追放したのだ。仏教はインドで生まれ、バラモン文化より多くを吸収しながらも、常にバラモン文化に批判的であった。当然、バラモンを中心とする従来の社会は仏教徒を自分たちに対抗する者たちとして扱った。したがって、初期仏教教団の活動範囲が従来のバラモンを中心とする社会の「外側」、つまり東側に広がっていったのは当然であった。

そもそも釈迦の初めての説法の地点サールナートが示唆的だ。サールナートはベナーレスから八、九粁ほど離れたところにある。その間に川はあるが、土地は平坦であり、一日で往復することは十分可能である。彼が悟りを開いた土地ボードガヤーからかなり離れた地点であるサールナートを説法の地に選んだのは意図的であったろう。聖地ベナーレスに近く、しかもその中ではない地点が必要であった。文化の中心ベナーレスで新しい活動を始めるならば、不必要な摩擦を生ずるであろう。しかし、宗教的・文化的雰囲気を欠いた土地では新しい宗教活動は効果的ではない。

バラモン文化との接触によってそこから養分を取りながら、しかもバラモン社会を批判的に見る。しかし、バラモン社会に攻撃を加えることはしない。これがインドにおける仏教の基本的態度であった。

インドで生まれた仏教はインドでは亡び、チベット・中国・中央アジア・東南アジアに広がり、それらの地域の多くで今日なお生きている。仏教はインドにおいて思想として機能しえたかぎり存続し、インドがもはや仏教的原理を必要としなくなった時に、生まれた国から追い出された。

そして、中世的世界の確立および存続のために仏教的原理を必要とした他の国々において生きながらえたのである。インド仏教はその終期においてタントリズムの要素を多分に吸収したり、ヒンドゥー教と同化したりした。一方、七世紀以降は論理学、認識論などの学的体系とともにチベットに流入した。ヒンドゥー教との同化もチベットへの流入も当時の仏教徒たちの脱出口であったに違いない。しかし、その脱出口としての「タントラ要素の吸収」は、同時にヒンドゥー教世界に対抗するという仏教の存在理由をあやうくするものであった。

ゴータマ・ブッダすなわち釈迦の仏教は、それまでの旧体制であるバラモン勢力に対する批判を基調として生まれた。当時のバラモン階級の権威に反抗した武士・商人階級によって支持された仏教は、やがてクシャーナ王朝のカニシカ王などの擁護者を得て、それまでバラモン思想がインド社会において果たしていた役割を代わって受けもつことになる。仏教が主導権を確立したのは、ブッダ以後沈滞していた仏教が、紀元一世紀ごろの「復興」を経たのちであった。『般若《はんにゃ》経《きょう》』『法華経《ほけきょう》』『華厳経《けごんきょう》』などの、主な初期大乗経典はカニシカ王の時代までには完成されていたと考えられるが、これらの大乗経典、特に「色《しき》（物質）は空《くう》なり」という『般若経』の精神に従って、竜樹は大乗仏教に理論的モデルを与えた。彼は空思想を説く中観《ちゅうがん》派の祖となったばかりではなく、その後の大乗仏教全体の基本的方向を定めた。ブッダが穏健にではあるが当時の体制を批判したように、竜樹もまた当時の他の学派に対する批判を自己の基本的態度としていた。

しかし、仏教の創始者とは違ってこの大乗仏教大成者は自らは積極的な見解をほとんど示さず、もっぱら相手側の論議の矛盾を詭弁とも思われるような独特な論法によって論破しようとした。彼の批判はそれまでの仏教における権威であった実在論者有部《うぶ》に向けられたばかりでなく、当時ほぼ体系を完成していたバラモン正統派の論理学派ニヤーヤ学派などにも向けられていた。竜樹のこの態度は彼の後継者たちに受け継がれた。そして竜樹の主な敵対流派もまた、インド仏教の消滅に至るまで彼の後継者たちのもっとも手強い敵となった。

大乗仏教とヒンドゥー哲学

インド思想史の重要な柱に論理学史がある。インド論理学史を三つの区分、すなわち古論理学・仏教論理学・新論理学に分ける場合、第二の仏教論理学とは仏教徒ディグナーガ（紀元四八〇〜五四〇）によって確立され、十一世紀にヒンドゥーの論理学者ウダヤナによって新論理学派が始められるまでの期間の論理学を指す。古論理学とはディグナーガ以前の論理学のことであり、時期的には竜樹のそれも含まれる。ディグナーガはニヤーヤ学派のウッディヨータカラ（七世紀）に批判され、後者は仏教徒ダルマキールティ（七世紀）に批判された。そしてこの仏教徒は『ニヤーヤ・スートラ』の一連の註釈者の一人であるヴァーチャスパティミシュラ（九世紀）によって批判されるというように、「仏教論理学の時代」は仏教論理学とバラモン論理学との抗争の時代であった。この争いは十一世紀に仏教徒の敗北をもって終わる。仏教哲学に決定的な打撃を与えたのはウダヤナであった。彼はニヤーヤ

（論理）学派と自然哲学学派ともいうべきヴァイシェーシカ学派を統合し、バラモン正統の実在論に基づき仏教的世界観をきびしく批判した。彼以後、仏教側にあってはウダヤナを批判し返すほどの人物は現れなかった。

このような学問上の戦いと並んで、仏教は七世紀ごろから台頭しつつあったヒンドゥー教に信仰形態においても対決せねばならなかった。グプタ王朝は仏教教学のスコラ的発展を助長したが、この王朝の崩壊とともに一方ではサラセンの侵入がますます現実的なものとなり、一方ではバラモン思想が土着の信仰・儀礼などを吸い上げながら、ヒンドゥー教という巨大な「文化の天蓋」としてインド精神を覆った。元来、正統バラモンに対して異端の徒であった仏教は当然のことながらヒンドゥー教の世界より圧迫を受け、特に八世紀後半より仏教界のエネルギーは加速度的にチベット世界の中に吸い込まれていった。

八世紀と推定されるシャンカラは主なウパニシャッドに註をほどこし、仏教勢力によって一度は忘れられたかにみえたウパニシャッドの世界をふたたび呼び起こし、ウパニシャッド精神に従って当時非常な勢いで復興しつつあったヒンドゥー教の世界に理論的な方向を与えた。彼は聖典『バガヴァッドギーター』*Bhagavadgītā* の註において、「知識のヨーガ」(jñānayoga)、「行為のヨーガ」(karmayoga)、「献愛のヨーガ」(bhaktiyoga) という『バガヴァッドギーター』の中の三つのヨーガ（修練あるいは道）の中で第一のものが最も重要なものであり、ヴェーダに定められた祭式（karman）を行うことも重要ではあるが、宇宙我ブラフマンと個我アートマンとの合一を得るためには感覚器官を制御し精神集中を行わねばならぬと説いた。

十二世紀のヒンドゥーの神学者ラーマーヌジャにあっては、「献愛のヨーガ」が重視され知識（jñana）および行為は献愛に対して従の立場におかれる。シャンカラの主知主義的態度を批判しながら彼は神イーシュヴァラに一歩一歩近づこうとする人間の努力をむしろ空しいものと考え、自己の全存在を神に託すべきだと主張した。シャンカラのいわば現世否定的な態度を否定してラーマーヌジャは現世肯定的な態度をとった。シャンカラにおいては感覚器官を制御し、さらに行為の結果には無関心でなければならないのであるが、ラーマーヌジャにとってはすべての行為が「神への献信」として許されるのである。彼のこうした態度にはヒンドゥー教が吸い上げつつあった土着の思想の影響が考えられよう。

仏教タントリズムとヒンドゥイズム

仏教におけるタントリズム（密教）の運動は、シャンカラに代表される思想からラーマーヌジャに代表されるそれへとヒンドゥー教の趨勢が移行するとき、そのヒンドゥー教の動きに影響されて加速されたのである。とりわけヒンドゥー教の現世肯定的な態度が、それまでの現世否定的な仏教を揺さぶった。グプタ王朝の崩壊後、特に八世紀中葉パーラ王朝の時代に入ると、禁欲的な仏教にも「俗」の世界の洪水がおしよせてきた。土着の信仰を吸収しながら勢力を増大させていたヒンドゥー教が置かれていた状況のただ中に、仏教もまた当然のことながらあったのである。この「俗」の世界の中での最大の関心事は性の問題であった。それまで僧侶には決して許されなかった性が許されるはずのものであり、許されたうえでなお「聖」の世界にとどまることもできるのではないか、あるいは、性とは本来「聖なるもの」ではないのか、と仏教徒たちが考えはじめたことを仏教タントラの代表である『秘密集会』(紀元七世紀ごろ)などの密教経典は語っている。

仏教におけるエロティシズムはすでに竜樹とほぼ同時代といわれる詩人アシュヴァゴーシャ(馬鳴《めみょう》)の『仏陀の生涯』(ブッダチャリタ)に、結果的には女性の醜悪さをゴータマ・ブッダに印象づけるためではあるが、濃厚なヒンドゥー的色彩を伴って現れている。町を行く太子を誘う女たちのしぐさ、あるいは太子を慰めようとして疲れ果てしどけなく寝乱れた女たちの描写は、儒教的禁欲主義のヴェールを通しての仏伝に慣れているわれわれ日本人にはとりわけ新鮮である。十一世紀に仏教徒ヴィドヤーカラによって編纂された詩選『スバーシタラトナコーシャ』は、仏教文学におけるこのようなエロティシズムの伝統に立つ美文体詩の集大成である。ここには仏を称える詩とともに思春期の乙女たちに関する詩が数多く収められ、かつての禁欲的仏教の面影はほとんど窺われない。

こうした経過のうえにヒンドゥー教からの強い影響を受けて、仏教におけるそれまでの「聖なるもの」と「俗なるもの」との緊張関係は変質せざるを得なかった。「俗なるものの極」が「聖なるものの極」にひきあげられることによって一致し、俗が俗のまま救われることが主張された。この時期の大乗仏教は「聖なるもの」と「俗なるもの」の二極間の長い階梯をむなしいものと考え、聖の世界に直接入る方法を求めたのである。それこそが仏教の「タントラ要素の吸収」であった。

三、四世紀以降、十一世紀ごろまでの間にインドの仏教タントリズムは数多くのタントラ経典を生み出した。仏教タントリズムの経典は一般に、作・行・ヨーガ・無上ヨーガという四種に分類される。第一のタントラは、仏像の礼拝の仕方などを中心に説くものであり、第二は『大日経』に代表されるタントラ類、第三は『金剛頂経』を含むグループで、観想法を説くものである。日本の胎蔵《たいぞう》・金剛界《こんごうかい》マンダラはそれぞれ基本的に『大日経』『金剛頂経』に基づいている。第三までのタントラは日本に伝えられたが、第四のものは日本に伝えられず、後世、インド・チベット・ブータンなどで流布した。

ラーマーヌジャの生きた時代は、論理学者ウダヤナの時代の直後にあたる。仏教哲学に決定的打撃を与えたのがウダヤナであったとすれば、ラーマーヌジャはヒンドゥー神学を完成することによって当時すでにほとんど力を失くしていた仏教に対する勝利の象徴となった。しかしそれは、インドの中世封建社会には仏教的原理が不必要であったことの別の表現であったことも確かである。

近代世界と仏教

世界宗教と近代化

インドで生まれながら、結局はインドから出ていかねばならなかった仏教は、インドに拒まれた要因そのものによって、他の民族・国家あるいは伝統には根をおろすことができた。仏教は、四姓制度を土台とするヒンドゥー社会を住処《すみか》とするよりも、四姓制度もなくヴェーダ聖典の権威をも認めなくてもすむ社会を住処とすることを選んだ。要するに、仏教はより「普遍的な」担い手を見出すことができたのだ。

この歴史的事実をわれわれは、通常、「仏教は世界宗教としての性格を有するためにインド以外の地にも伝播できた」と説明している。仏教がいわゆる世界宗教となり得たことと、仏教が非アーリア的要素を多分に有していたこととは関係があろう。しかし、非アーリア的要素を有したことは世界宗教となる必要条件でも十分条件でもない。仏教の場合には偶然、開祖がバラモン出身でなかったということなのだ。そのことは、釈迦がヴェーダの権威を認めるのをいさぎよしとせず、まだ社会全体の確固たる枠組としては成長していなかったとはいえ、バラモン階級を中心とした社会体制の枠組としては作用しつつあった四姓制度に批判的であったことの主要な原因としては作用したであろうが、彼が僧侶階級（バラモン）の出身ではなく、武士階級（クシャトリヤ）の出身であったことが仏教の性格のすべてを決定したわけではない。

仏教がいわゆる「世界宗教」として機能してきた、と一応言うことはできる。しかし、いったい世界宗教とは何か。「世界宗教」という名称から、われわれはその宗教が民族や時代を越えて、それこそ世界のすみずみまで伝播し、そこに根をおろし、信徒を獲得する無限の可能性を有する宗教を考えてしまう。だが、世界宗教とはそのような抽象的な何ものかではない。仏教・キリスト教そしてイスラム教がお互いの領域を奪い合いながらも一応今日まで、あるいは現代に近い時代まで「盛ん」であり得たのは、それらの「世界宗教」が、これまでの時代が重要としてきたものを自らの財としても貴重なものとしてきたからだ。もちろん、それらの宗教あるいはそれらの開祖たちの説き示したもののすべてが今日、無意味になってしまったわけではない。しかし、二〇〇〇年前、あるいは一〇〇〇年前に人々に魅力的であったものが、今日同じような強さで人々を引きつけるとは限らない。

仏教はこの二五〇〇年の歴史の中でその普遍性の証しを十分行ってきた。今日においてもその意味は失われてはいない。しかし、現にわれわれの眼の前でチベットの仏教的世界は崩壊したのであるし、同じような事件が、ヴェトナム・ラオス・カンボジアで起きた。それもチベットの事件以後のことである。ビルマ（ミャンマー）の仏教、スリランカの仏教も困難な局面を迎えている。タイの仏教はまだ安泰であるかのようだが、タイ仏教の勢いが年ごとに衰退しつつあるのは、わずかな日数しか滞在しないわれわれのような旅行者も見てとることができる。ネパール盆地(カトマンドゥ盆地)にわずか残ったネワール人たちの大乗仏教の未来も決して明るいものではない。あれほどの量の仏教文献の写本を保存し、サンスクリットの経典や論書を自在に読みこなしていたネパール人の仏教学者たちの数は、今日あまりにわずかである。

仏教の衰退

インド・中央アジアの仏教は昔に亡びてしまった。中国にはわずかに残っているとはいえ、かつての勢力はすでにない。台湾・韓国、そして日本において仏教は生き残っているかのように見える。しかし、はたして本当にそうであろうか。ここは、日本や韓国の仏教事情を云々する場ではないが、日本や韓国の仏教も程度の差こそあれ、チベット仏教と同じ問題をかかえている。

仏教は、ネパールやラダック・スリランカなどを除く南アジア、アフガニスタンなどの西南アジアの一部、ウイグルなどを含む中央アジアの多くの部分、中国大陸、そしてヴェトナム・ラオス・カンボジア・ジャワ・バリなどの東南アジアの広い地域において衰退してしまった。その衰退はたとえば、クチャとかキジルの中央アジアにおける仏教国家の歴史に見られるようにすでに一〇〇〇年以上も前から起きていたことだ。インド亜大陸で仏教の衰退が決定的になったのは十三世紀初頭である。したがって、仏教の勢力が衰退したといっても時代や地域によってその状況が異なるので均一に論ずることができない。にもかかわらず、この仏教の衰退の過程は一貫した一つの歴史の方向を示しており、その現象は仏教の本質と関係しているとも思われるのだ。

仏教の衰退はこの一〇〇〇年のアジア史の中で、人々が求めるものを仏教が提供できなくなったから生じてきた現象ではないのか。少なくとも人々の心をつかみ、人々の行動を導くイデオロギーとしては機能しなくなっている現実を見すえなければならない。事件当時の、現在の、いやずっと以前からのチベット仏教のかかえている問題は仏教全般の直面している課題を、明白に提示している一例にすぎないであろう。

世界宗教として機能してきたにもかかわらず、仏教が本質的に有する、今日的な意味での弱点として、現在のところわたしは、社会における人間の行為の「正当な」評価を欠いていること、を考えている。「正当な」とはもちろん伝統的仏教の立場に立っての理解ではなく、時代がそのように理解しているという意味である。ある人々は「時代あるいは情況は常に世俗的繁栄を求めている。仏教は出世間的道を説いてきた。そこにこそ仏教の真面目がある。世俗的趨勢に従うことこそ避けるべきことなのだ」と主張することであろう。それはそのかぎりにおいて正しいし、仏教が宣教しつづけるべき財とは出世間的道であると、わたしも思う。

だが、アジア史における仏教の機能について考察している今、そのような、仏教徒からの正論が一〇〇〇年以前とは比較にならぬほど力を持たないという現実が問題なのである。時代が出世間的なものをまったく求めなくなったと言うつもりはない。ただ、社会における人間の行為とその結果について、近代および現代の人間が切実に求めるほどには、仏教はそれを切実には考えてこなかったということはできよう。これはある意味では当然のことだ。というのは、仏教は基本的には古代思想であり、さらに元来出家者のためのものであったからだ。わずかな例外を除いて、仏教は近代化を遂げることに失敗した。しかし、近代化の波はそれまで近代化を経験しなくともすむかと思われた国々までも襲った。たとえば、チベットの悲劇の原因はそこにあろう。

タントリズムの世界観

仏塔と世界

インドの宇宙観とリンガ

紀元五、六世紀以降、インドの仏教徒たちは、世界あるいは宇宙の構造に積極的に関わることになった。「すべてのものは空《くう》である」(竜樹『廻諍論』)という命題を繰り返すだけでは人々は満足しなくなっていた。竜樹から世親《せしん》の時代にかけては、ちょうどバラモン正統派が自らの哲学体系を形成し、世界の構造に関してもそれぞれの立場から精緻な構造図を提示した時期でもあった。仏教徒たちはバラモン正統派の諸学派からの影響も受けて世界の構造に関する知の体系を構築していったが、その際、竜樹と世親の思想は、それぞれ中観派《ちゅうがんは》哲学と唯識派《ゆいしきは》哲学として継承・発展させられていった。

特に七、八世紀から仏教タントリズムが興隆すると、それまで以上に仏教思想において世界に関する考察や身体に対する関心が大きな位置を占めるようになった。仏教タントリズムにおいては、ヒンドゥー・タントリズムにおけると同様、「世界が空なるものあるいは非実在のものである」という側面よりも「世界が本来は清浄なるものであり、人間にとって良きものであり聖なるものである」という側面が強調されるようになった。

タントリズムの世界観にあって最も重要なことは、世界がそれ以前に較べてより「有機的」になり、身体に近いものとなったことだ。身体は宇宙・世界に対してはミクロ・コスモスとなり、身体の部分あるいは心に対してはマクロ・コスモスとなる。タントリズムでは世界の運動を身体あるいは心の運動として捉える。

仏教の歴史の中で、天体という意味における宇宙に最も深く関わった経典は後期のタントラ経典『時輪《じりん》タントラ』(十一世紀ごろの編纂)であろう。このタントラは、個体と宇宙との本来的自己同一性という汎インド的テーマを、仏教の伝統にしたがって追求してきた。

リンガと仏塔

仏教徒にかぎらず、古代インド人は宇宙を卵形によって表象したり、「卵」と呼んだりした。また卵のイメージはインドにおいてのみならず、他の民族においても見ることができる。古代インドにおける宇宙卵の最も典型的なイメージは、「シャーリグラーマ」あるいは「シャーラグラーマ」と呼ばれる卵形の石のシンボルに見られる(図3)。鶏卵よりはすこしばかり長細く、半透明で中央に赤い筋が入っている石が選ばれることが多い。ヒンドゥー教徒はこれに花などを供えて崇拝するが、彼らにとってこれは宇宙であり、神でもある。

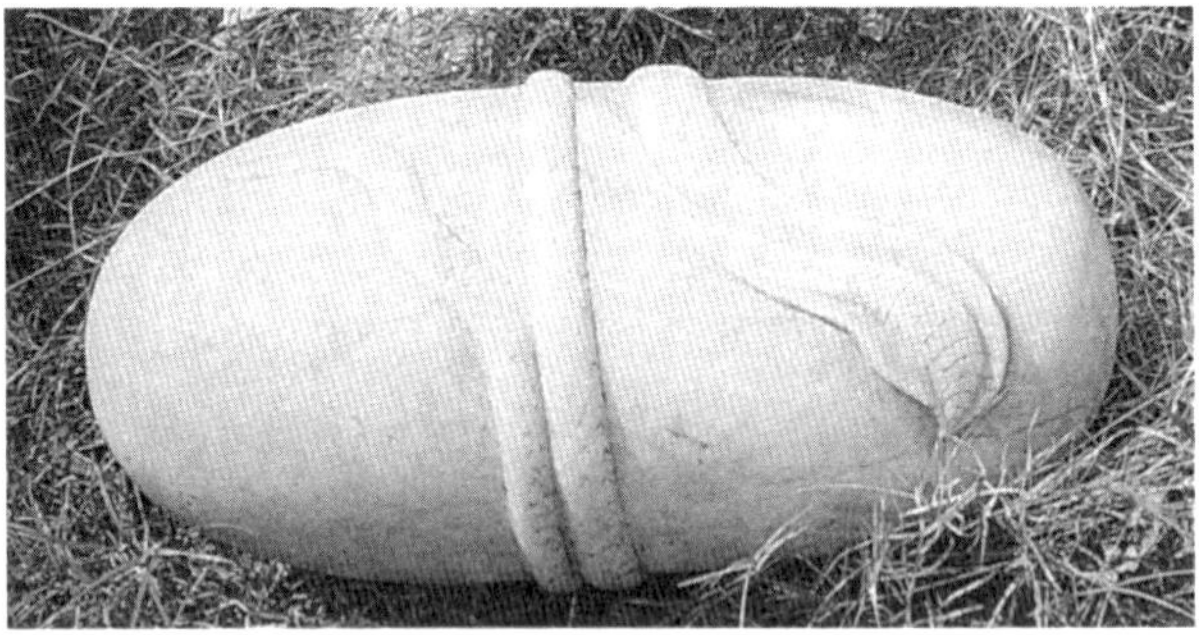

図3　宇宙卵のシンボル，シャーリグラーマ

図4　ヨーニ（女陰）に立つリンガ
（男根）（カトマンドゥ）

図5　仏塔（ダーレム博物館，ベルリン）

図6　チベット仏教の仏塔（タプレジュン郡，ネパール．貞兼綾子氏撮影）

図7　カルラー石窟本堂内部（マハーラーシュトラ州，インド．横田憲治氏撮影）

この卵形の石はヴィシュヌ崇拝と関係することもあるが、「リンガ」（男根）と呼ばれることから推測できるように、リンガを最も典型的なシンボルとするシヴァ神への崇拝とも関係している。重要なのはこの点、つまりその、卵形のシンボルが宇宙（世界）を意味するとともに、神のシンボルでもあることだ。リンガはシヴァ神の持物や乗物ではなく、シヴァの姿そのものと考えられる（図4）。つまり、宇宙の姿と神の姿とは究極的には区別されないのである。このような考え方は仏教タントリズムの中でも見られる。たとえば、この世界は大日如来《だいにちにょらい》の姿である、というように。

仏教徒はリンガを崇拝しない。ヒンドゥー教徒にとってのリンガの位置にあるものは、仏教徒にとってはブッダの涅槃《ねはん》を象徴する仏塔（チャイトヤ、あるいはストゥーパ）である（図5・6）。仏塔の上部にはリンガには見られない構造がある。かつては樹木が植えてあったらしく、インドの古いものには棚のように見えるもの（平頭《へいとう》）が付いている。ともあれここでの考察にとって重要なことは、仏塔もまたリンガと同様に卵形を、つまり宇宙を基本としていることだ。

リンガがシヴァ神の生命エネルギーのシンボルである一方、仏塔はブッダの涅槃すなわち死のシンボルである。このようにリンガと仏塔の象徴意味（シンボリズム）は異なっている。にもかかわらず、この二つのシンボルはヒンドゥー教および仏教の寺院等において同じような機能を果たしている。カルラー（図7）やバージャーなどの初期の仏教窟院では、主堂には仏像はなく、人々は仏塔の前で儀礼を行っていたと考えられる。つまり、仏塔が最も重要な礼拝対象物となっていたのである。初期のヒンドゥー教窟にも人の姿を採ったシヴァ神の彫像はなく、リンガが主要な礼拝対象として置かれている場合が多い。このように、仏教徒やヒンドゥー教徒は、仏塔とリンガにそれぞれ相反する象徴意味を与えているが、一方で、さらに根本的な次元では同一の意味を与えている。その同一の意味とは、卵形によって象徴される宇宙である。リンガと仏塔の象徴意味については後でふたたび考察したい。

どの民族においても規模の差こそあれ、宇宙論あるいは宇宙論的発想は存在する。それぞれの民族の造型には、宇宙あるいは自然全体を指し示すようなかたちが考え出されている。しかし、インドほど宇宙論的な造型活動が盛んであった民族はないであろう。インド人たちはしばしば大宇宙を眼前におけるひとつのまとまりある姿として、時には手のひらに乗るほどのコンパクトなものとして表象することに心がけてきた。インド人が考え出した宇宙のイメージの中で、卵は典型的なものだ。初期のインド大乗仏教の石窟《せっくつ》に見られる夥《おびただ》しい数の仏塔や、あるいは今日のインドの町角にしばしば見られるリンガも、卵をそのイメージの基本においている。

マンダラとその構造

インドにおける宇宙のシンボルのいまひとつの典型は、マンダラである。

マンダラと宇宙神

マンダラは多くの場合平面に表現されるが、時として立体として表現される（図8）。後者の場合、その根底にあるイメージは卵形である。卵形の下半分には、地水火風という世界の物質的基礎が積みあがっており、仏たちの住む館をのせたメール山が上半分となって、かの四元素の上に位置している。それらの構造は後で考察するように、透明な金剛の籠によってすっぽりと覆われている。

鉢を伏せたかっこう（伏鉢《ふくばち》）の仏塔が立体マンダラとなることもある。たとえば、カトマンドゥ盆地の西北端にあるスヴァヤンブーナートの仏塔には、伏鉢形の腹部に一〇の龕《がん》があり、そこには金剛界マンダラの中核である五仏（大日、阿閦《あしゅく》、宝生《ほうしょう》、阿弥陀《あみだ》、不空《ふくう》。五仏に関しては本書八四ページ以下参照）と大日を除く四仏の妃（本書一一一ページ以下参照、大日の妃に関しては八六頁参照）の彫像が置かれている（図9）。カトマンドゥ市の東端にあるボードナートの仏塔の下部にも百余の龕が帯状に作られてあり（図10）、それぞれには仏や菩薩の彫像が収められている。この仏塔も立体マンダラの一種と考えることができる。

これほど巨大な仏塔ではなく、一㍍ほどの仏塔でも立体マンダラと呼ぶことのできるような造型がインド・チベット・ネパールなどにしばしば見られる（図11）。つまり、仏塔の側面に四仏の浮彫りが彫られており、四仏のそれぞれは、阿閦は東、宝生は南、阿弥陀は西、不空は北というように儀軌の規定通りの方角を向いているものだ。その仏塔の基壇のまわりには護法尊と思われる尊格の彫像が配されている場合も多い。

マンダラの理論上のイメージあるいは実際の表現方法は、一つの伝統が時代を追って展開されてきたのではなく、インドにおいてさえ明らかにいくつかの異なる伝統が入り混じって発展してきたものである。ある伝統では仏たちの住む館と巨大な蓮華とを覆う金剛籠や館の下に積み重ねられている四元素などが主として考えられ、ある伝統では仏たちの館の中に配置される仏たちが主要な考察対象となった。後世、特にチベットではそれまでのもろもろの伝統がいろいろなかたちに組み合わされて複雑な造形ができあがった。

われわれの身体もマンダラと考えられてきた。たとえば、精神生理学的訓練を重視するハタ・

図8　ネワール仏教の立体マンダラ，スヴァヤンブーナート内部のチベット仏教ドゥク派の寺(カトマンドゥ)

図9　スヴァヤンブーナート仏塔 (カトマンドゥ)

図10　ボードナート仏塔
（カトマンドゥ）

図11　仏像の浮彫りを伴う
仏塔（パタン）

ヨーガでは背骨はメール山に、尾骶《びてい》骨・生殖器・臍《へそ》・心臓などに相当する位置に存すると想定されているチャクラ（輪、神経叢）は大陸にというように、世界と人体とが相同の関係にあると考えられている。一方、骨や筋肉は地、血や汗は水、体熱は火、呼吸は風というように身体の部分と自然界の諸元素との対応関係も意識されていた。

先ほど例として挙げたボードナートの仏塔（図10）の平頭部分（伏鉢形の上に見られる構造）には人間の顔が描かれている。これは仏塔全体が仏の身体と相同関係に置かれていることを示している。仏塔を建立するときには、その中央に柱を建て、仏の身体の背骨に見たて、その柱の数ヵ所をさまざまな色の糸で巻く。これらのさまざまな糸で巻かれたところはチャクラと見なされている。

マンダラの構造

このようにマンダラは立体として表現されることもあるが、平面に描かれるのがより一般的である。密教の宇宙観という観点から考察を進めてきたために、いわゆる「立体的マンダラ」に関して先に述べたが、歴史的には壇の上に作られる、あるいは描かれる平面マンダラの方が先行する。もっとも、平面に描かれる場合でもそのマンダラが関わっている宇宙あるいは世界そのものは立体として表象されている。ただ実際の表現としては立体をたんに真上から見たままに平面に描いた部分と、立体の各部分を切り開いて押し倒したような部分とが混在している。また一方、インドの古いマンダラ図が当時描かれた状態のままで保存

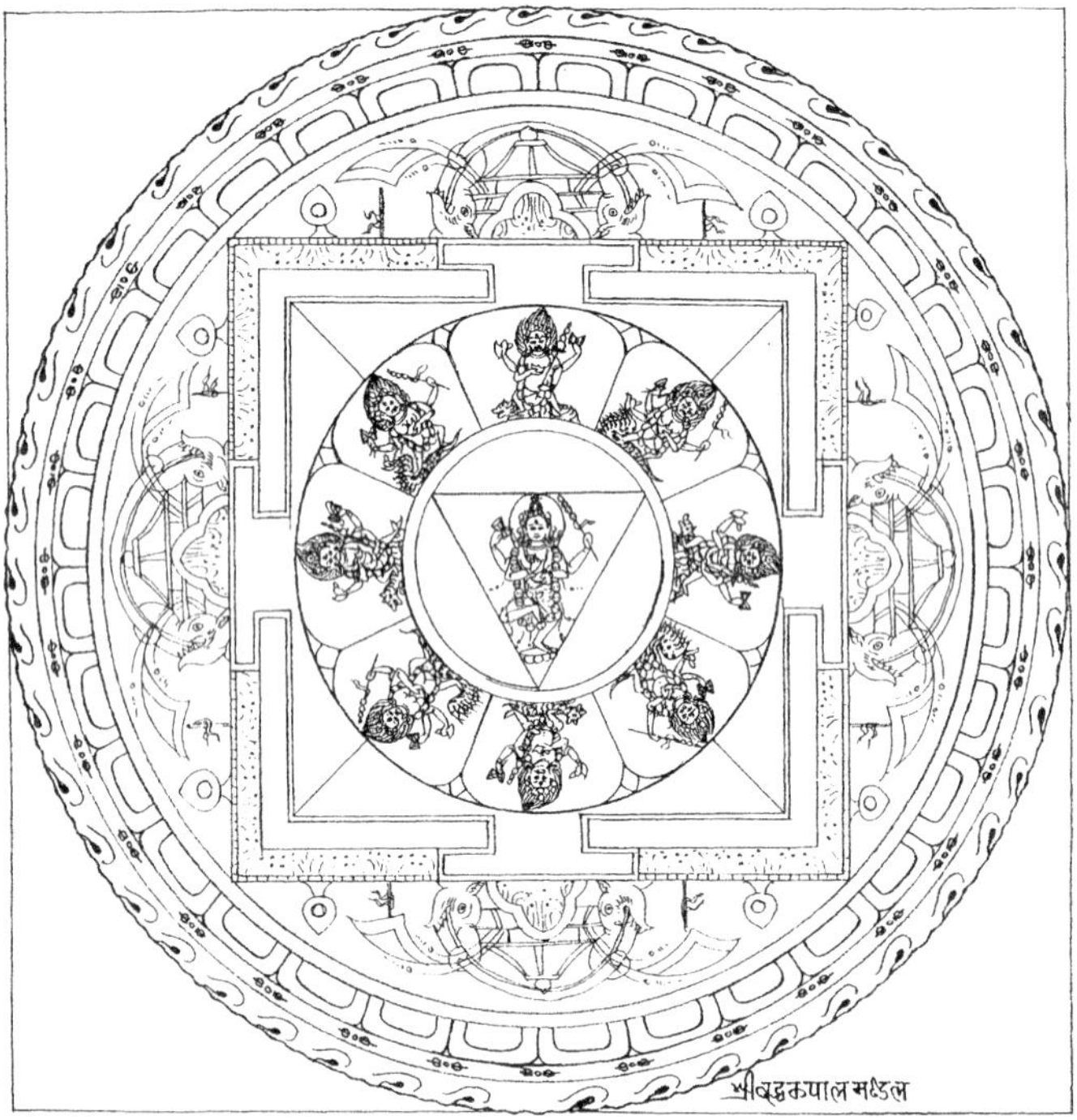

図12　ブッダカパーラ・マンダラ

されているわけではない。われわれは残された比較的後期のマンダラから表現方法を知る以外にないのであるが、ともかくマンダラにおいては立方体を平面上に写しとるためのさまざまな工夫がなされている。

マンダラは――ヒンドゥー・マンダラは別にして――一般に円およびそれに囲まれた四角という基本形を有している（図12）。この円はかの卵形の輪郭すなわち宇宙全体であり、四角は宇宙の中における生命体の活動を表現しているとC・G・ユングは解釈する。実際の図像に即して言うならば、その四角はメール山上に建てられた仏たちの住む館であり、その四方には門が付いている。マンダラに描かれている門は真上から見おろしたかたちではなくて、箱が分解されて一枚の紙になるように、地上に押し倒されたようなかたちで描かれていることがわかる。城壁のような壁にはそこから矢を射る際の穴が開けられており、その壁もまた倒されたようなかたちに描かれている。館の中に並ぶ仏たちも頭上から見おろした姿ではなくて、正面から向きあった時の姿で描かれている。

しかし、マンダラ全体の構図は明らかに世界を真上から見おろしたものである。世界の主要な素材である地水火風の元素は、たとえばカトマンドゥ盆地ではかの四角を包むいくつかの同心円によって表現されることが多い。チベットのマンダラではマンダラの最も外の輪である火炎輪を四つに色分けすることによって四元素を示すことがある。いずれにせよ、インドではかの四元素は上下に積み上げられて表象されることが多いが、マンダラでは、その上下の方向が二次元の世界の中で内から外へ——あるいは外から内へ——という方向に移しかえられている。宇宙の構造図としてのマンダラには、このようにその構造を写す際にさまざまな側面で「ねじれ」が見られる。

この「ねじれ」は三次元的立方体の構造を二次元的世界に写しとるための工夫の一部である。しかし、それに留るわけではない。その工夫はマンダラの目的のひとつである「宇宙と個体との本来的自己同一性」を感得する際に有効に働く。つまり、立方体が二次元的に表現されたとき、立方体としての世界はすでに変形しはじめており、宇宙を観想している者にとって「消化しやすい」状態へと作りかえられているのである。

平面に表現されたマンダラでは、宇宙の構造はより明確に表現される。つまり、中心と周縁という二要素がマンダラ、そして宇宙・世界の基本構造として考えられている。中心に位置する大日如来をはじめとする中尊は、ある時間の中で活動するエネルギーの「かたまり」であり、周縁としての外輪はエネルギーが活動して、その活動の軌跡として出現した世界を指している。中心と周縁という二要素は、このように、本来は異なるものではないが、世界が時間の中にあるという事実からエネルギー体とその活動の結果という観点から見るならば、二つのものとして一応設定できる。

中心と周縁という二要素を含むこのマンダラ的図式は、われわれの各個人の心理世界を表現した「自己空間」の図式と同じ構造を持つことが明らかだ。「自己空間」は円とその中に含まれる点によって表現することができる。このようにして、マンダラは宇宙の縮図であるとともに個人の精神世界の図でもあるのだ。マンダラの伝統は個体の心的世界とこの宇宙とが相同関係にあるという前提に立って歩んできた。この前提は今日のわれわれに示唆的である。マンダラの伝統は、精神と物質という対立を根源的なものとは考えない。すなわち、精神も物質も同種のエネルギー活動として捉える。そのエネルギーを「心的・宇宙的エネルギー」と呼ぶことにしよう。個人の心的世界の活動も地球という運動体の活動も共通のエネルギー活動のあらわれと理解するのである。

宇宙あるいはエネルギー体は拡散と収斂《しゅうれん》を繰り返しながら、生命体としての誕生・成長・消滅という経過をたどっている。エネルギー体が拡散あるいは収斂するとき、それは必ず時間の中で行われ、エネルギー体は空間の中でその活動の軌跡を作る。地球儀に譬《たと》えるならば、北極から拡散するエネルギーの時間は赤道に向かう経度に、空間は緯度に譬えられる。同じように、平面に描かれたマンダラ図は、そのエネルギー体の活動の歴史におこるある時点のエネルギー活動の状況を捉えたものということができる。マンダラ図の外輪つまり周縁は、その時点におけるエネルギー活動の軌跡を示している。

このように、中心と周縁というマンダラの二要素は、もろもろの心的・宇宙的エネルギー体の空間的相同性を指し示している。そして、マンダラは、さまざまなエネルギー体の時間的相同性にも関与している。たしかに一般に見られるマンダラ図は、宇宙の誕生や消滅を直接的には表現していない。マンダラは、ふつう仏や菩薩が整然と並んだ様を描いているが、それは宇宙の創造が「完成した」（ニシュパンナ）瞬間を描いているのであって、他の時間における宇宙の様子はマンダラ観想法を行う者のヨーガによって「見られる」のである。十一世紀のマンダラ解説書『完成せるヨーガの環』（ニシュパンナ・ヨーガ・アヴァリー）は、このような意味での完成せるマンダラ・ヨーガを解説している書である。

宇宙にあるものすべてが生命体である、というのがマンダラの伝統の前提である。生命体は誕生・成長・消滅というパターンを有している。これもマンダラの伝統の認めるところである。さらに、マンダラの伝統が、そしておそらくはほとんどの宗教が認めているもう一つの前提がある。それは、生命体は死後、再生するということである。「死後の再生にあずかること」、これこそマンダラの追求するテーマである。

マンダラ・ヨーガが宇宙と個体との時間的相同性を獲得するその仕方については、『秘密集会タントラ』の中の記述を簡単に述べるに留めたい。このタントラでは、行者の眼前に「生まれた」マンダラがやがて行者の鼻先に置かれたケシの実ほどの大きさに収斂され、すなわち、である。

「死」に至らしめられる。その後、「死んだ」世界はふたたびもとの大きさにもどされるのである。ここでは空間の大小が、エネルギー体（宇宙）の誕生・成長や消滅と対応していることは明らかである。

マンダラとアーキタイプ母型

宇宙の中に存在するあらゆる生類は、それぞれに定められた生命維持のプログラムの遂行が可能となるべき身体を有している。生命体は自らの生命の維持のためには他の生命体、あるいは少なくとも有機体を自分の中へと摂取しなければならない。このような意味で一つの生物学的生命体の維持は、他のもろもろの生命体と互いに依存関係にある。しかし、一つの生命体は母体から分離した瞬間から「閉じられた、すなわち自己完結的なエネルギー系統」だ。この意味では、牛・犬・魚、さらには一本の樹木も、人間の身体と同様に、宇宙の中の部分であるとともにそれぞれ「閉じられたエネルギー系統」なのである。

人類がこの地球、あるいはそこに住む生物の支配をゆだねられているわけではない。地球の歴史の中でこの時期にヒトという生物体がたまたま地球上に過度に繁殖し、わがもの顔にふるまっているにすぎない。「人類は他の生物に対する支配をまかされている」ということはできない。むしろ、すべての生物学的生命体が人間の身体と同じように宇宙と相同関係にあると考えるべきであろう。この場合、すべての生物学的生命体に人間と同じような心とか「仏の本性」（仏性）

とかが含まれているか否かというような問いに関わる必要はまったくない。要するに、世界におけるすべての生物学的生命体のそれぞれが、「完結せるエネルギー系統」としての身体を有しており、そのそれぞれが宇宙と相同関係にあるということが重要なのである。しいて言うならば、エネルギー体のすべて（悉有《しつう》）そのものが仏性なのである。

マンダラの中心がエネルギーの「かたまり」、つまり極めて高度に凝縮されたエネルギー体であり、周縁がそのエネルギー活動の軌跡である、ということができよう。が、マンダラの中心と特に周縁にはこれとは異なったシンボリズムが存在していると思われる。つまり、中心がエネルギーのかたまりであることには変りはないのであるが、周縁がエネルギー活動の軌跡というよりはエネルギーの源泉と考えられる場合がある。このような解釈においては周縁が宇宙の素材あるいはエネルギーの源泉と理解される。すなわち、ここでは宇宙はエネルギーを生みつづける素材、あるいは物体とそこから生まれてくるエネルギーとの二要素によって捉えられる。物体を意味する語「マター」(matter) は「母」（マザー、mother）と語源を共有している。物体からエネルギーが発せられるように、母からエネルギー体が生み出されるのである。

元型（アーキタイプ）「母」とは、深層心理学において、われわれの心的機能の元型の重要な一つとされているものである。他に「霊」「再生」「トリック・スター」などがある。元型は、われわれにそれとして意識されることはないが、さまざまなイメージで象徴されている。元型「母」

は、大地・洞窟・子宮・瓶・穴などのイメージを採ると考えられている。マンダラの周縁、つまり円も元型「母」を象徴するもののひとつと考えられる。古代インドの大地母神の典型は七母神あるいは八母神と呼ばれるが、彼女らがマンダラに登場するときには常に周縁においてである。カトマンドゥ盆地（ネパール盆地）は「ネパール・マンダラ」と呼ばれているが、この盆地およびカトマンドゥ市やバドガオン市の周囲を、八母神の社がマンダラの周縁のようにとりまいているのである。ヒンドゥーのマンダラにおいても八母神は常に最も外に置かれている。

素材としての母は通常、暗あるいは現象の裏に潜んでいる。現象界のエネルギー活動がそこから生まれてくる場ではあるが、母自体は己れの姿を見せない。そもそも元型「母」という操作概念が生まれた分野である深層心理学においては、「母」とは明るい意識世界からは見ることのできない暗の世界である無意識を意味している。円とその中心という、自己空間の二次元的図では無意識の世界は明白には表現され得ない。が、自己空間を立体的に考えるならば、「母」の領域はより明らかに表現される。立体的には自己空間の意識の領域は、ドームの内側あるいはプラネタリウムの壁面のようなものと表現することができる。あたかも伏鉢形のチャイトヤの内部に入ってチャイトヤの内側をながめたようなイメージである。そして、無意識の世界はドームの地下である。

マンダラの立体イメージにおいても仏たちの館の下、あるいは館が建っているメール山の下には、世界の素材である四元素が積み上げられていた。これらの素材の世界がエネルギーの基体、つまり母胎である。

このように周縁に関しては二通りの解釈が可能である。一つは、周縁をある時点におけるエネルギーの活動した姿と捉える解釈であり、他の一つは周縁をエネルギーの源泉、基体と捉えるものである。どちらの解釈が正しいのか、と問う必要はない。この両者とも歴史的に存在してきたのである。というよりも、この二つは歴史的になされてきた解釈の両極端ともいうべきものであり、両者の間にもいくつかの中間的解釈がなされてきた。

周縁がエネルギー体のある時点における軌跡とするならば、現実は幻のごときものと理解されることとなり、実際の現象世界を弁証する力を失うことになろう。また、周縁が強固なる「母」となるならば、世界あるいは個体は居心地のよい子宮の中に浮かんでいるのみの「危険な」状態となろう。というのは、世界あるいは個体は己れの活動を鎮め、己れを守る存在である「自分たちを包む大いなるもの」、たとえば国家の権威へと自己同化させるからである。

宇宙は生命体であり、誕生・成長・消滅、そして再生のリズムを有している。われわれの存在もその一部であり、空間的・時間的に宇宙と相同関係にある。マンダラの伝統は宇宙とわれわれのこの相同性を追求してきた。マンダラの基本構造は、円と四角によって表現され、生命体の活動は周縁と中心との関係として理解される。周縁の機能を軽視したときわれわれは生命体の歴史を忘れるであろうし、周縁に過大な機能を与えることはわれわれをより大きな危険へと導くことであろう。

「母」に対してわれわれはどのような態度を採るべきか。われわれはエネルギーそのものに対して開かれた態度を保ちつつ、マンダラの二つの見方それぞれに学びながら、宇宙の活動する姿を見つめつづけたい。自然というエネルギー体に対してわれわれは対自的な態度を採ることが可能であり、また採らざるを得ない。が、その際われわれもまたエネルギー体であることを忘れず、守られた「母」の袋の中へ没入して同心円的宇宙の中の「エネルギーのよどみ」となってしまわぬよう、エネルギーそのものであり続けたい。宇宙の中に飛散してしまう、というのではもちろんなく。そのためにはやわらかで、しかもしたたかな「目」を持たねばならない。

ネパールの密教

ネパール仏教とカトマンドゥ盆地

ネパール仏教の歴史

大乗仏教はインドの地では十三世紀ごろに亡んでしまった。だが、釈迦生誕の地であるネパールにおいて、インドから伝えられた大乗仏教が多少の変質はあるにせよ今日に伝えられていることはあまり知られていない。「インドから伝えられた仏教が一度亡び、その後チベットから伝えられたものが今日まで残っている」という主張もあるようだが、今日残されている寺院・彫刻・文書、さらには儀礼などを見ると、「インドから伝えられ、そしてチベットにも伝えられたことのあるネパールの仏教がヒンドゥー教の圧力の下にではあるが今日に残っている」との主張の方が正しいと思われる。

四世紀から八世紀にかけてネパールはリッチャヴィ族の王によって支配されたが、この王朝下では、仏教とヒンドゥー教が共存していた。七世紀中葉、仏教の保護者アンシュヴァルマンが王位につき、娘のブリクティーをチベット王ソンツェンガムポに嫁がせたが、この王女は、チベットにインド系の仏教を伝える役目を果たした。八世紀から一二〇〇年ごろまでのネパールではタークリー王朝が盛え、その後、一四八二年までは初期マッラ王朝の時代であった。一四八二年にカトマンドゥではラトナマッラ王が、バドガオンではラヤマッラ王が即位してまず二つの王国が生まれた。パタンはカトマンドゥの支配下にあったが、一六二〇年にシッディナラシンハマッラが王位についた後は、三国分立の時代に入った。このマッラ三王国時代（後期マッラ王朝時代）は一七六八年まで続いた。

十三世紀から十八世紀のマッラ王朝下では、ネパール盆地に古くから住むネワール族の豊かな農産物、手工業、貿易の中継などによって富が蓄積された。三つの王国は競い合って仏教やヒンドゥー教の壮大な寺院を建て、美術・工芸の技術の発達を奨励した。この時期までにすでに密教（タントリズム）の色彩を濃くしていた仏教は、この王朝下で、ヒンドゥー教とそれ以前にもましてより一層接近する。仏教徒たちは職種を中心としたカースト制度を取り入れ、仏教僧たちは妻帯して司祭カースト・グバジュ（ヴァジュラ・アーチャールヤ、金剛阿闍梨《あじゃり》）となった。

十七世紀中葉、ヒンドゥー教徒のパタン王ナラシンハは仏教を攻撃した。一七六八年にはインド系のプリティヴィ・ナーラーヤナがカトマンドゥ盆地全域を征圧してゴルカ王朝（あるいはシャー王朝）を樹立し、現在に至っている。この王朝は代々、女神崇拝を中心にし、シヴァ派とヴイシュヌ派両派の要素をも含んだ総合的なヒンドゥー教を信奉し、仏教徒に圧力を加えてきた。この結果、ネパールにおけるヒンドゥー教の優位は決定的となり、仏教徒はヒンドゥー教の儀礼の多くを自分たちの儀礼形態の中に組み入れざるを得なかった。それでもなお、ネパール盆地を中心に住むネワール人の間に大乗仏教は今日も伝えられている。もっともネワール人の大半はヒンドゥー教徒であり、仏教徒のネワール人の数はおそらく一〇万から一五万人くらいであろうと推定される。これらの仏教徒は、ヒンドゥー教の影響を受けたものにせよ、彼ら自身のパンテオン、諸仏にまつわる伝承・経典・儀礼などを保護しているのである。

「神々の住処」としてのカトマンドゥ盆地

すでに述べたように、カトマンドゥ盆地（あるいはネパール盆地）には三つの大きな都市が栄えてきたが、ネパール仏教、つまりネワール人の仏教もこの三つの都市、カトマンドゥ、パタン（ラリタプール）、およびバドガオン（バクタプール）を中心にして発展してきた。カトマンドゥの南方にパタンがあるが、今日ではこの二つの都市は隣接している。バドガオンはカトマンドゥの東約二〇粁の地点にある。これらの三都市の旧市街部は古い町並を残しており、寺院も多い。建物が四角い中庭を囲むビハール様式のもの、中国や日本の塔に似た層塔の様式を有するもの、インド・チベット式の仏塔、あるいは街角に作られた小さな社などさまざまな形式が見られる。ネパール盆地に足を踏み入れたものは、たちまちにしてかの地が、「神々の像」によって占拠されていると思うにちがいない。

種々の様式の「場」あるいは「坐」において実にさまざまな種類の「聖なるもの」の図像が「町の中に住んでいる」のだ。石製の仏塔の四面に彫られた仏たち、寺院の屋根を支える方杖に刻まれたヒンドゥーや仏教の神々、寺院の正面入口の上にある半円形のトーラナの浮彫りに見られる神々などがカトマンドゥの町の住民として住んでいる。このようにカトマンドゥの神々は、「住《す》処《か》」を有するのである。

インドにおいて仏教以前に勢力のあったヴェーダの宗教においては、神々の像は作られなかった。インドラ・アグニなどの神々は天界に住むと信じられた。祭式のたびに祭官は神を招いて供物を差し出したり、火神を死者として天界へと供物を運ぶべく、火の中に供物を投げ入れたのである。今日残っているヴェーダ祭式のテキストによるかぎり、ヴェーダの儀礼において神々の像が重要な役を果たしていたとは考えられない。『リグ・ヴェーダ』の中において、たとえば英雄神インドラの姿についての記述はあるにせよ、その記述によってインドラ神の姿の明確なイメージを描くことができるようなものではなかった。『リグ・ヴェーダ』はしばしば「英雄神インドラは火神アグニなり」というように言う。これは『リグ・ヴェーダ』の詩人たちが、後世、ヒンドゥー教において彫像に表現されたようには個々の具象的な神のイメージを考えていなかったことを物語るものであろう。

ヒンドゥー教時代となると、神々は地上に降り立って、それぞれの「住処」を求めるようにな

図13　燃灯仏（ネパール国立博物館，チャウニー，カトマンドゥ）

った。サンスクリットで「神の場」（デーヴァ・アーラヤ）とは寺院のことである。正統なヒンドゥーの神々と土着の神々との融合、あるいは同一視がはじまると、「神々の場」の意義はますます大きなものとなった。ネパールの国教はヒンドゥー教であり、ネパール盆地の三都市それぞれの旧王宮にはタレジュと呼ばれる女神の寺がある。この女神はカーリー女神に似た恐ろしい女神として描かれることもあり、今日ではドゥルガーの化身《けしん》であると一般には信じられている。この女神崇拝を導入した人物は、「一三二五年ごろにティールフトから来たサンスクリット文学の保護者ハリシンハ王」である。それ以来、この女神はマッラ族の「部族神」として尊崇されてきた。

図14　トーラナ（クマーリ・チョーク，カトマンドゥ）

図15　トーラナ（ナクサール・ヴァガヴァティー，カトマンドゥ）

図16　方杖（ハク・バハール，パタン）

図17　ウク・バハールの境内（パタン）

写真中央の2階の部屋が秘儀の部屋

カトマンドゥ盆地内の王宮にタレジュの寺院が作られて以来今日まで、かの三つの旧王宮は恐ろしき女神タレジュの住む「場」なのである。

仏教の諸尊についても事情は同様である。釈迦の前世の童子に対して来世は仏陀となられるであろうと予言したといわれるディーパンカラ（燃灯仏、図13）はカトマンドゥを訪れたと伝えられており、それを記念する行事が今も続けられている。カトマンドゥの西北の丘に立つスヴァヤンブーナートの仏塔にまつわる伝承を集めた『スヴァヤンブー・プラーナ』は、その仏塔を「仏の住処である聖なる法界」と呼んでいる。このようにして、ネワールの人々はカトマンドゥの地に仏たちを住まわせることに成功し、その「住処」を中心にしてさまざまな宗教儀礼を行ってきたのである。人々はビハールに囲まれた中庭で、あるいはビハールの内部で、それぞれの尊崇する仏を、右まわりにまわりつつ祈りをささげる。また丘や広場にある大きな仏塔（ヒンドゥー教徒においてはリンガ）、寺院内の本尊としての小さな仏塔のまわりをまわる。家長の誕生日や新築祝いの日などに護摩《ごま》を焚き、神仏に供物を捧げる。神々の祝祭日は、ネパールではおどろくほど多い。

ネワールの諸尊の坐

ネワールの仏教徒たちが尊崇する諸尊は、しばしばひとまとまりのグループとなって寺院や絵画に現れる。カトマンドゥ盆地にあっては、博物館などにおけるよりも今日も活動を続けている寺院や祠堂においてより豊富に「坐」にある諸尊の像を見ることができる。すでに述べたように、寺院建築の構成要素の中では、(1)仏塔の側面、(2)トーラナ（扉の上の半円装飾、図14〜15）、(3)本堂正面の扉あるいは壁等、(4)方杖《ほうづえ》（図16）、(5)寺院の境内（図17）にしばしば見られるマンダラなどが「諸尊の場」として作用している。

「神々」（諸尊）はそのような「坐」を占めることによって「神々の住処」の中のメンバーとなる。寺院・仏塔などの建築は、その中に住む神々の系列に合わせて作られた立体マンダラなのである。ネワールの宗教建築の内部に身をおけば、今日もなおかの「立体マンダラ」の中でそれぞれの「坐」を占める諸尊の像に出会うことができる。

ネパール仏教のパンテオンの分類

諸尊の分類

ネパールの仏教を支えてきたネワール人の言語は印欧語族に属するのではなく、チベット・ビルマ語族に属する。しかし、ネワール仏教のパンテオン（仏たちの世界）はまさにインド大乗仏教のそれであり、名称もわずかを除けばサンスクリット名が用いられてきた。膨大な数のサンスクリット写本がネパール盆地に残されており、今日もネワール僧たちはサンスクリットの経典を読んでいる。またカトマンドゥのセト・マツェーンドラナート寺院の本堂の四面に描かれている一〇八の観自在《かんじざい》の中には、インド以来の正統な観自在のほとんどすべてが含まれている。

ネワールの仏教徒は、チベットなどの他の国の仏教徒と同様に、自分たちの尊崇する諸尊のイメージ集を作った。今日も仏教およびヒンドゥーの図像集が数多く残されており、「チトラ・サングラハ」つまり「図像集」はネパール考古局の写本コレクションの中の一ジャンルである。図像集がカトマンドゥ盆地に多く残っていることは、ネワールの人々が自分たちの仏のパンテオンを一貫した手法によって描こうとしていたことを窺わせる。カトマンドゥに住む現代の絵師たちも諸尊の図像学的特徴を伝統によって身につけている。

大乗仏教の諸尊はさまざまな方法で分類することができようが、ここでは次のような仕方でネパール仏教のパンテオンを概観したい。なおこの分類はインド・チベットの仏教パンテオンの分類ともなり得るものと思われる。

仏
　顕教の仏
　密教の仏
　　僧形（如来形）あるいは菩薩形の仏
　　忿怒相の仏（ヘールカ）
菩　薩
女　尊
護法尊
群小神

顕教の仏

ネパール仏教のパンテオンの中心はやはり釈迦である（図18）。ネパール仏教寺院にはしばしば、両手を前で組み合わせた定印《じょういん》、あるいは右手の掌を自らの身体に向け指先を大地に触れさせた触地印《しょくちいん》を有する僧形の釈迦像が本尊として置かれている。一般家庭のいわゆる「仏壇」においても上に述べたような釈迦の坐像が見られることが多い。

ネパールに仏教が伝播したのは、リッチャヴィ王朝（四～八世紀）の時であったことはすでに述べた。インド大陸において仏教タントリズムが興隆するのは、六、七世紀である。したがって、ネパールは仏教タントリズムの興隆によってマンダラなどが盛んに作られる以前の仏教を知っていたことになる。カトマンドゥ盆地には、タントリズムの影響の見られない、リッチャヴィ期の釈迦の石像が残っている。ちなみにカトマンドゥ盆地内の七世紀の碑文にすでに「金剛乗」（ヴァジュラ・ヤーナ）の名称が見られる。

図18　釈迦（ネパール国立博物館，チャウニー，カトマンドゥ）

インド・ネパール、さらには中央アジアや中国においても大乗仏教の興隆とともに急速に釈迦のイメージは変化していった。つまり、シャカ族の王子に生まれ、菩提樹《ぼだいじゅ》の下で悟りを開き、ガンジス河中流域で教えを説いたといった歴史的存在としての要素を少なくし、釈迦の「生涯」とは別の「生涯」、あるいは「神話」を有する仏として生まれかわっていったのである。たとえば、「世自在王のもとで修行を積んだ法蔵菩薩が後に阿弥陀仏となった」という「神話」は、釈迦の成道《じょうどう》という歴史的事実を踏まえてはいる。しかし、阿弥陀仏にはシャカ族の王子であったという要素はすでにない。それは、一層の「高み」に登るために、釈迦の生涯における歴史的個差を切り捨てた、つまり「微分」した姿なのである。『阿弥陀経』は大乗経典の中、成立の最も早い時期に属し、紀元二世紀ごろまでには成立していたと推定されている。インドにおいて阿弥陀像がいつごろから作られるようになったかは明らかではない。ともかく、大乗仏教が初期の二、三世紀の間に、釈迦のイメージを変化させ、阿弥陀やその他の多くの仏を生んでいったことは確かである。

密教の仏——僧形（如来形）・菩薩形の仏

釈迦のほか、その変容であるさまざまな仏たちが、ネワール仏教のパンテオンを飾っている。それらの仏の中で、一つのチームを構成する「五人の仏」つまり「五仏」が特に重要である。

ネワールの仏教は、「金剛乗」といわれ、密教の要素を多く有する。インドのグプタ朝（四～六世紀）までは仏は僧形で表現されていたが、それ以降はこの形以外に仏も宝冠や髪飾りなどをつけた菩薩の姿で表現されることが多くなった。このような「密教的傾向」の中で急成長して重要な位置を占めたのが大日如来であった。この如来は、七世紀頃の成立と考えられている『大日経』において注目すべき活躍をはじめるのであるが、従来の仏たちとは異なり、菩薩のように身体を荘厳した姿で登場したのである。つづいて、他の如来たちも大日と同様に「荘厳された姿」を採り、菩薩形のイメージが定着した。

五仏（大日Vairocana、阿閦《あしゅく》〈婆〉Akṣobhya、宝生《ほうしょう》Ratnasambhava、阿弥陀Amitābha〈無量光〉、および不空成就《ふくうじょうじゅ》Amoghasiddhi）の中、大日を除く四仏の名称は四世紀に知られていた。七世紀ごろまでには、釈迦を中心とし、そのまわりに四仏が配せられるマンダラの原型が成立するが、七世紀以降に大日を中心に四仏あるいはその原型がまわりに配せられるという、胎蔵あるいは金剛界マンダラの基本形ができあがった。おそらくは胎蔵マンダラがまず成立し、それとは別系統のものである金剛界マンダラが成立したと考えられる。また、成立の遅い大日が歴史的原型をとどめる釈迦にかわってマンダラの中心にすわるようになった理由には、変容して装飾を多くもつ大日の形態の方が造型作業に従事する人々の要請にかなった、ということがあろう。大日を中心とし、阿閦、宝生、阿弥陀および不空成就がそれぞれ東・南・西・北に配せられた構図が金剛界マンダラの基本であるが、七世紀以降はインドおよびチベットではこのマンダラおよびこれの発展系列にあるものが最も重要なものとなった。ネパールにおいてもこの金剛界系のマンダラがよく用いられた。たとえば、ネワールの仏教徒にとって最も聖なる「場」であるスヴァヤンブーナートの仏塔は金剛界系の五仏を配したマンダラを形づくっている。この仏塔の側面には図19に見られるような一〇の龕《がん》があり、その五つは五仏の銅像を収めている。残りの四つには大日を除く四仏の妃の像が見られ、大日の妃は龕のみで密教的に「無」によって表現されている（図20）。かの五仏の像は僧形であり、それぞれの仏の手は特徴的な印相《いんぞう》を有している。また、五仏のそれぞれには乗物としての動物が定められているが、この仏塔の場合にはそれぞれの仏は乗物としての動物の上には坐していない。そのかわりにこの仏塔の五仏の龕の下に小さな龕があり、それぞれの仏の乗物の像（銅製）がある。中尊である大日如来の龕は仏塔の中でも頂上ではなく阿閦のそれの向かって左隣に作られている。

カトマンドゥ盆地には大小さまざまな数多くの仏塔があり、仏教儀礼の多くの部分がこれらを中心として行われている。「タントリズムの世界観」に述べたように、仏塔には二種の象徴意味、すなわち、ブッダの涅槃《ねはん》のシンボルとしての「表層意味」の他に、宇宙のシンボルとしての「深層意味」が与えられている。仏塔の基本形は卵の形であり、これは宇宙あるいは世界を指すと考えられる。仏教徒が仏塔を礼拝すると同じような形態で、ヒンドゥー教徒はリンガ（男根）を崇拝する。リンガもまた「卵」型を素型として含んでおり、これにも宇宙という「深層意味」と、

図19　阿弥陀像のある龕（スヴァヤンブーナート仏塔）

図20　大日如来の妃の龕（スヴァヤンブーナート仏塔）

図21　大日如来（僧形）

図22　阿閦如来（僧形）

図23　宝生如来（僧形）

図24　阿弥陀如来（僧形）

図26　大日如来（菩薩形）

図25　不空成就如来（僧形）

図28　宝生如来（菩薩形）

図27　阿閦如来（菩薩形）

図30　不空成就如来（菩薩形）

図29　阿弥陀如来（菩薩形）

表１　五仏とその印相等

図番号	方角	如来名	身体の色	印相	乗物	シンボル(3)
図30	中央(1)	大日	白	転法輪印(2)	獅子	法輪
図32	東方	阿閦	青	触地印	象	金剛
図29	南方	宝生	黄	与願印	馬	宝珠
図28	西方	阿弥陀	赤	定印	孔雀	蓮華
図31	北方	不空成就	緑	施無畏印	ガルダ鳥	二重金剛

注(1)　後期には，たとえば秘密集会マンダラにおけるように大日と阿閦の位置が入れかわることがある．
(2)　カトマンドゥでもまれに智拳印を結ぶ．
(3)　シンボルは五仏それぞれの台座の中央に表現される．
出典　立川武蔵『曼荼羅の神々』（ありな書房，1986年，37ページ）より．

シヴァ神の権化あるいは力という「表層意味」があると考えられる。ネパールでは、仏塔とリンガとが一体となったものもしばしば見受けられるが、これはヒンドゥー教と仏教との混合形態の一例と考えるべきであろう。「スヴァヤン・ブー」(svayam-bhū) とは「自ら生ずるもの」を意味し、ヒンドゥー教の三主要神であるブラフマン・ヴィシュヌ・シヴァのいずれをも意味する語であるが、この名称はしばしば宇宙を創造する神あるいはそこから宇宙が展開する根本物質を意味した。ネワール仏教徒にとってスヴァヤンブー仏塔は本初仏《ほんしょぶつ》の塔と言われる。この仏には宇宙の創造者としての機能が認められているが、仏教は元来、創造神的なものあるいは「自ら存するもの」の存在は認めないのであるから、これはヒンドゥー教の影響によるものであろう。

ネワールの人々はしばしば、特に七月から八月にかけてのグンラの祭りの時には頻繁にこの仏塔を右まわりにまわり、仏塔の五仏や塔のまわりに配された諸尊に花などを供養する。これは、それぞれの仏に対する供養であるとともに、五仏を柱とする宇宙に対する敬礼の行為でもある。

五仏それぞれの「図像学的特徴」は、はっきり定まって現在まで伝承されている。図21以下は現代の絵師の描いた仏たちの図像である。これを見ると、五仏はそれぞれ僧形（図21～25）と菩薩形（図26～30）を有し、大日を除いて、それぞれの仏の印相は同じである。これらの仏が坐している獣坐にはそれぞれの如来のシンボル（大日は法輪、阿閦は金剛、宝生は宝、阿弥陀は蓮華、および不空成就は二重金剛）が描かれている。五仏の印相、乗物、シンボル、およびマンダラにお

図31　金剛薩埵（ネパール国立博物館，チャウニー，カトマンドゥ）

ける方角をまとめるならば表1のようになる。これはインド・ラダック・中央チベットにおける伝統と一致する。

仏教の造型世界における仏のイメージの歴史は、仏のイメージの「世俗化」の過程と考えられる。世俗を離れた僧の姿を取った仏はやがて髪を結い、冠を戴き、天衣をつけた。

この傾向の頂点に立つのが金剛薩《さっ》埵《た》Vajrasattvaである（図31）。大日よりさらに新しいこの尊格は一般に右手に金剛を左手に鈴《れい》を持つ菩薩形で表現されるが、「第六番目の仏」と呼ばれることもある。ネパールでは「五仏の導師」とでもいうべき職能を具えており、特にこの神格に対する儀礼は秘儀であり、一般の人々は見ることができない。この尊格を最も「聖性の度」の高い、したがって最も仏に近い菩薩と考えることも可能だ。

図32　勝　楽　尊

図33　勝楽尊（ネパール国立博物館，チャウニー，カトマンドゥ）

図34　秘密集会（ネパール国立博物館，チャウニー，カトマンドゥ）

図35　ヤマーンタカ

密教の仏——忿怒相の仏

図21～25に示された仏たちはいずれも柔和な相の持ち主であった。一方、密教の発展に伴って、血で充たされた頭蓋骨や切り取られたばかりの人間の首、蛇、象の生皮といった不気味なものに飾られ、忿怒の相を有する仏たちが現れた。いわゆる「ヘールカ」と呼ばれる尊格である。

チベットにおいては、このヘールカ尊のタンカや彫像は非常に多く残っているが、ネパールではチベットほど多くはない。これはおそらくは、ネワール仏教では、チベット仏教におけるほど無上ヨーガ・タントラ（最終発展段階のタントラ）が重要視されなかったという理由によるとともに、それらの忿怒相の仏たちは「アゴン」と呼ばれる「秘儀の部屋」から外へ出されないという理由にもよるのであろう（図17参照）。ネワールでよく知られたヘールカ尊は、勝楽尊Cakrasaṃvara（図32・33）であり、「母タントラ」と呼ばれるタントラのグループに属するものである。これは、母タントラがヒンドゥー教の女神崇拝の影響を強く受けていること、およびカトマンドゥ盆地は女神崇拝の特に盛んなところであることと考え合わすべきであろう。盆地内では父タントラに属する秘密集会Guhyasamāja（図34）の図像は珍しく、同じく父タントラに属するヘールカであるヤマーンタカYamāntaka（図35）と、ヒンドゥー的要素がより一層顕著な護法神ヴァジュラ・ヴァイラヴァVajrabhairavaとの同一視もあるようである。

もともと、釈迦の死後二、三世紀は、ブッダは人の姿を有する造型作品として表現されることはなかった。紀元一世紀ごろ、質素な衣をまとった僧として仏が表現されはじめ、後には菩薩の姿を取るようにもなった。そして八〜九世紀には、奇怪な姿の、特には獣の顔をした如来が登場することになる。そのうえ、それらの不気味な仏たちの多くは女尊を抱いているのである。このような仏のイメージの変化は、インド・チベット・ネパールなどにおいてほぼ共通しているものであり、これらの地域における密教の変化・発展と呼応するものである。

(1)菩　薩

菩薩たちがさまざまな姿を取って人々の中に現れ、彼らを救う因縁話は、カトマンドゥ盆地に数多く残されている。ネワールの人々にその活動が語りつがれている菩薩の中、最も重要なものは観自在 Avalokiteśvara, Lokeśvara——ネワール語ではローケーソール Lokesor——である。他には、文殊 Mañjuśrī や弥勒 Maitreya などの八菩薩がよく知られている。

観自在　カトマンドゥ盆地には、パタンのセト・マツェーンドラ（図36）、カトマンドゥのラト・マツェーンドラ（図37）、バネパの北のナラ・マツェーンドラ（図38）、およびキールティプールの東南のチョーバル・マツェーンドラ（図39）の四つの観自在菩薩の霊場がある。

これらは行者ゴーラクナート（十〜十一世紀）が創設し、師マツェーンドラにちなんで命名し

図37　ラト・マツェーンドラ（赤い観自在）

図36　セト・マツェーンドラ（白い観自在）

図39　チョーバル・マツェーンドラ

図38　ナラ・マツェーンドラ

図40　セト・マツェーンドラ寺の方杖の観自在像（カトマンドゥ）

図41　クワ・バハール境内の仏塔側面（パタン）

図43　ヴィシュヌの円輪の観自在

図42　獅子吼（ししく）観自在

図44　ハリハリハリハリ・ヴァーハナ観自在

図46　蓮華手観自在

図45　不空羂索観自在

たものといわれる。第一の寺には「白い観自在」が、第二には「赤い観自在」が祭られており、この両者の「山車行列《だし》」と「大沐浴《もくよく》」は有名である。

「白い観自在」の寺は、さまざまな姿の観自在で充ちている。ネパールの観自在の図像学的特徴は、インドのそれとほぼ同じであって、左に蓮華を持ち、右手には与願印を有するというものである（図36参照）。観自在（観音）のこの基本的な姿はほとんどそのままで日本にも伝えられている。「白い観自在」の寺院の正面入口の上には、千手観自在と五仏（僧形）の浮彫りがある。本堂の二層の屋根を支える四〇本の方杖には、観自在のさまざまな変化身の像が見られる（図40）。なお、下層の屋根の下の四面には一〇八の観自在図が掲げられている。この故にこの寺は「百八観自在の寺」とも呼ばれている。

一二の観自在が一二ヵ月のそれぞれと結びつけられることがある。パタン市の金色寺院（クワ・バハール）の中庭には、スヴァヤンブーの大塔をモデルにした仏塔があり、そのまわりにはそれぞれの月と結びついた観自在と、大日を除く四仏の像が並べられている（図41）。二月と結びつけられた獅子吼《ししく》観自在は、明らかにシヴァ神といくつかの図像学的特徴を共有している（図42）。三叉戟《さんさげき》、行者に特有な巻き髪、鹿皮、虎皮、蛇などは元来はシヴァの特徴である。「ローケーシュヴァラ」とは、「ローカ」（世）の「イーシュヴァラ」（自在〈天〉）という意味であるが、「イーシュヴァラ」という語はシヴァを意味することがある。ネパールでは、同一の神マツェーンドラをヒンドゥー教徒がシヴァの化身と呼ぶ一方で仏教徒がその神を観自在と呼ぶというように、シヴァと観自在との関係は近いのである。

ヒンドゥーの神ヴィシュヌと観自在との結びつきも見られる。例の一〇八観自在の第一二番は「ヴィシュヌの円輪の観自在」であるが、これはヴィシュヌのイメージを有する観自在である（図43）。円輪（チャクラ）はヴィシュヌの武器の一つとしてよく知られている。また「四月の観自在」である「ハリ（蛇）の上のハリ（獅子）の上のハリ（ガルダ鳥〈ヴィシュヌの乗物〉）の上のハリ（ヴィシュヌ神）の上に乗った――つまり、それらをしたがえた――観自在」（図44）もヴィシュヌ崇拝との結びつきを示している。一方、最上部のローケーシュヴァラはヴィシュヌ神を従えたシヴァとも解釈できるのである。

スヴァヤンブー仏塔にまつわる伝承を中心に集めた『スヴァヤンブー・プラーナ』に述べられるネパール聖地因縁と観自在の物語では、観自在の命令によって文殊等の菩薩が人々の救済のために働くのであるが、このように、カトマンドゥ盆地では観自在の勢力は強大である。セト・マツェーンドラの寺院の一〇八観自在のリストをながめてみると、文殊や普賢や地蔵といった菩薩たち、不動や閻魔《えんま》などの護法神、さらにはすでに見たようにシヴァやヴィシュヌのヒンドゥーの神々の姿を取った観自在の存することがわかる。観自在のもつ変化力のゆえんである。

この他、不空羂索《ふくうけんじゃく》観自在（図45）、蓮華手《れんげしゅ》観自在（図46）などがある。

文殊

カトマンドゥ盆地では、文殊信仰も盛んであり、さまざまな姿の文殊が描かれている（図47・48）。文殊の図像学上の特徴は、右手に剣、左手に経函を有することであるが、この特徴は、ある真言を構成する語のイニシャルを取って命名されたアラパチャナArapacana文殊（図49）に特に顕著である。またカトマンドゥ盆地において特に有名な文殊にナーマサンギーティNāmasaṅgīti（図50・51）の像が多く見られる。この文殊も剣と経函とを有するが、それに加え、頭上で左右一組の手が組み合わされていることがこの文殊の特質である。『ナーマサンギーティ』（聖文殊真実名義経、『大正新脩大蔵経』二〇巻、一一八七）とは、一つのタントラの名称でもあり、これは、後世、チベットにおいて第三のタントラであるヨーガ・タントラと第四のタントラである無上ヨーガ・タントラとの両方に属すとみなされた。ネワールの仏教徒の間では、特に七月から八月にかけての一ヵ月間、日本の盆に相当するグンラの祭りの時にこの経典がサンスクリットとネワール語訳で読誦される。『ナーマサンギーティ』には文殊の特質が述べられているが、詳細な図像学的な説明がなされてはおらず、頭上で手を組んだ文殊がナーマサンギーティであると述べられているわけではない。しかし、いつごろからか、図50・51のような姿の文殊はナーマサンギーティと呼ばれており、タントラとしての『ナーマサンギーティ』との結びつきがかなり古くから確立していたと思われる。かつては大きな湖であったカトマンドゥ盆地を剣で切り開き、人間の住む場所としたのは文殊であったと語りつがれている。

図47　文殊菩薩

図48　文殊菩薩（スヴァヤンブーナート博物館，カトマンドゥ）

図50　ナーマサンギーティ文殊菩薩

図49　アラパチャナ文殊菩薩

図52　法界語自在文殊菩薩

図51　ナーマサンギーティ文殊菩薩（スヴァヤンブーナート博物館，カトマンドゥ）

図53　法界マンダラ（ノ・バハール，カトマンドゥ）

法界語自在《ほっかいごじざい》文殊もカトマンドゥ盆地においては有名である（図52）。この文殊を中尊にした法界語自在マンダラ（法界マンダラ）も盆地においてもっともよく見かけるマンダラであるが、約二二〇の尊格を含み、金剛界マンダラの発展上にある（図53）。

他の菩薩たち

大乗仏教のパンテオンでは八尊の菩薩が一つのグループを作ることがある。その八尊の名称は地域によって異なるが、ネワール「八菩薩」は『スヴァヤンブー・プラーナ』によれば以下のようである。

①　弥　勒　Maitreya（図54）
②　虚空蔵《こくうぞう》（虚空胎）　Ākaśagarbha
③　普　賢　Samantabhadra
④　金剛手《こんごうしゅ》　Vajrapāṇi
⑤　文　殊　Mañjuśrī
⑥　一切除蓋障《いっさいじょがいしょう》　Sarvanivaraṇaviṣkambhin
⑦　地　蔵　Kṣitigarbha（図55）
⑧　虚空庫《こくうこ》（天蔵）　Gaganagañja

この八尊のリストの中には観自在は含まれていない。観自在はこれらの八菩薩が衆生《しゅじょう》を救済するよう、彼らに命令を下す立場にあるからだ。『スヴァヤンブー・プラーナ』におけるこれら

図54　弥 勒 菩 薩

図55　地 蔵 菩 薩

の菩薩の因縁話にはいくつかの共通なモティーフがある。それぞれの菩薩は自分自身の身体の光を岩あるいは石に入魂し、それに対して供養するよう人々に勧めるのである。今日もなおカトマンドゥ盆地では、それらの「菩薩たちが入魂した」といわれる岩や石は「意味を与えられて」生きている。

(2)女　尊

ヴェーダの宗教においては女神の勢力はわずかなものであった。ヒンドゥー教の初期まで、すなわちクシャーン朝までは女神はそれほど活躍していない。一方、仏教においては、ターラー Tārā（多羅、図56・57）およびプラジュニャーパーラミター Prajñāpāramitā（般若《はんにゃ》波《は》羅《ら》蜜《み》多《た》）（図58）の二女尊がおそらくクシャーン朝には礼拝されていたと考えられる。六〜七世紀にはヒンドゥー教の女神の活躍が盛んになるが、仏教においても各々の仏が妃を有するようになり、マンダラにおいて仏の脇に妃が配されるようになった。当時勢力を強めていたヒンドゥーの女神たちも仏教パンテオンの中に組み入れられた。たとえば、元来はシヴァ神の侍女であったダーキニー Ḍākinī（荼枳尼）や、ヴェーダ以来の女尊サラスヴァティー Sarasvatī（弁才天）などが土着的要素を含んだ仏教の女神として活躍するようになった。このようにして女神の位置がパンテオンの中で高まることは、インド・ネパールおよびチベットにおいて共通に見られることである。

図57　ターラー女神（スヴァヤンブーナート仏塔横，カトマンドゥ）

図56　ターラー女神

図58　般若波羅蜜多女神

日本の仏教パンテオンと比較するならば、ネパール仏教の女神たちは日本仏教のそれよりはるかに重要である。後期仏教タントリズムと女神崇拝とは密接に結びついており、後期仏教タントリズムを導入しなかった日本仏教にはインド的あるいはネパール的な女神崇拝は見られない。これは当時の日本における儒教の影響をも考え合わすべきであろう。ネパール仏教の女尊の特徴としては、「パンチャ・ラクシャー」Pañcarakṣā と呼ばれる五護法女尊と、かつてはヒンドゥーの神々の妻であった八母神 Aṣṭamātṛkā とが重要視されることが挙げられよう。

四　妃

スヴァヤンブーの仏塔には、像を有しない大日の妃の龕と、像を有する四妃の龕があった。阿閦の妃ローチャナー Locanā、宝生の妃マーマキー Māmakī、阿弥陀の妃パーンダラー Pāṇḍarā、不空成就の妃ターラーの龕は、仏たちの龕の間にある。日本に伝えられた胎蔵マンダラにはこれらの女神が中台八葉院の外側に現れるが、日本の金剛界マンダラにはこれらの四妃は人のすがたでは現れない。しかし、後期インド・チベット・ネパールではこれらの人のすがたを採った四妃を含んだ金剛界系のマンダラがしばしば見受けられる。

ターラーの起源は中央アジアではなかろうかといわれているが、はっきりしない。この女尊は不空成就如来の妃とみなされる以前から活躍を続けており、ネワールの仏教パンテオンにおいて最もよく知られた女尊である。図像学的特徴としては、左手に蓮華、右手に与願印あるいは安慰《あんい》印《いん》（親指と人差し指あるいは薬指とを合わせて丸をつくる印）を有するのが一般的である。ターラーと観自在とはどちらも蓮華と与願印（あるいは、安慰印）を有するという点で図像学的にも似ており、この両者は一組となってしばしば寺院の本堂入口の左右に立つ。観自在が人々を救うべく活躍するように、ターラーも救済を待つ人々に直接働きかける。「ターラー」という名称は「救う」（tṛ）という動詞より派生したといわれている。カトマンドゥでは、四妃のうち、ターラーはぬきんでて重要であるため、他の妃たちの後にも「マーマキー・ターラー」というように「ターラー」の名称が付されることがある。そして、ターラーは「アーリヤ・ターラー」（聖多羅）と呼ばれる。日本においてはターラー崇拝はほとんど行われなかった。

ヨーギニー

カトマンドゥ盆地のいくつかの密教の寺院ではヨーギニー Yoginī が本尊として祀られている。ヨーギニーとは文字通りには「女性ヨーガ行者」（瑜伽母《ゆがも》）を意味するが、ヘールカ尊と同様に血で充たされた頭蓋骨やドクロ棒などを持ち、裸体の、いわゆる恐ろしい女神である。スヴァヤンブーの大塔とカトマンドゥ市との境ヴィシュヌマティにあるヴィジェーシュヴァリー寺院の虚空瑜伽母（アーカーシャ・ヨーギニー、図59）、カトマンドゥの南のパルピン地区の金剛瑜伽母（ヴァジュラ・ヨーギニー）、盆地の東北端のシャンクのカドガ・ヨーギニーが有名である。ネワール仏教のパンテオンの中でこれらのヨーギニーは別格の高い位置が与えられており、多くの女神がそうであるように、これらの女尊もたんに恵みを垂れるのみの存在ではなく、人々を畏怖させる存在でもある。

図60　大随求明妃（だいずいぐみょうひ）

図59　虚空瑜伽母（こくうゆがも）

図62　ブラフマーニー女神

図61　大孔雀明妃

五護法女尊――パンチャ・ラクシャー、五護陀羅尼

五護法女尊と呼ばれる五女尊のグループが特にカトマンドゥ盆地において尊崇されている。それらは、

(1) マハープラティサラー（大随求明妃《だいずいぐみょうひ》、図60）
(2) マハーサーハスラプラマルダニー（大千摧砕明妃《だいせんさいさいみょうひ》）
(3) マハーマーユーリー（大孔雀明妃、図61）
(4) マハーマントラーヌサーリニー（密呪随持明妃《みつじゅずいじみょうひ》）
(5) マハーシータヴァティー（大寒林明妃《だいかんりんみょうひ》）

である。彼らは、「長寿を与え、王国、村、牧草地を守り、人々を悪霊から守る」と信じられた。この五女尊(1)～(5)はそれぞれ、宝生、大日、不空成就、阿閦、および阿弥陀から生まれ出たものと考えられた。マハープラティサラーを中心としたマンダラがカトマンドゥではよく描かれている。またネワールの人々の中には、五仏と五護法女尊との混同あるいは同一視が見られる。たとえば、一つのトーラナに彫られた、明らかに五仏と思われる像を指して五護法女尊の名称をつぎつぎと挙げるといったように。

八母神

大地母神の伝統は古くインダス文明まで遡ることができるのであるが、ヒンドゥー教初期においてこの大地母神は、シヴァ神やヴィシュヌ神の妻と合体していった。六～七世紀までにはブラフマーニー Brahmāṇī（図62）やインドラーニー Indrāṇī などを含

表2　八母神とその乗物

	母　神	乗　物	夫(またはパートナー)
1	ブラフマーニー　Brahmāṇī(1)	ハンサ鳥	ブラフマン
2	ルドラーニー　Rudrāṇī(2)	牛	ルドラ(シヴァ)
3	カウマーリー　Kaumārī	孔　雀	クマーラ
4	ヴァイシュナヴィー　Vaiṣṇavī	ガルダ鳥	ヴィシュヌ
5	ヴァーラーヒー　Vārāhī	水　牛	ヴァラーハ(ヴィシュヌ)
6	インドラーニー　Indrāṇī(3)	象	インドラ
7	チャームンダー　Cāmuṇḍā	死体(4)	ヤ　マ
8	マハーラクシュミー　Mahālakṣmī	獅　子	ヴィシュヌ

注(1)　Brahmāyaṇī,
(2)　Rudrāyaṇī,
(3)　Indrāyaṇī ともネパールでは言う.
(4)　インドではフクロウが一般的である.
出典　立川武蔵『曼荼羅の神々』(ありな書房, 1986年, 121ページ)

む「七母神」Saptamātṛkā と呼ばれる母神たちのグループが形成されていた。八、九世紀までにはこれらの母神たちはシヴァの妻と同一視され、シヴァ崇拝の中に組み入れられていった。その後、第八の母神マハーラクシュミー Mahālakṣmī が加えられて、「八母神」Aṣṭamātṛkā となった。ところが、これらの女神はかつての「夫」あるいはパートナーを捨てて、シヴァ神の畏怖相であるバイラヴァ Bhairava 神の八種類とそれぞれ「組」を作るようになった。八母神と八バイラヴァに対する崇拝は今日特にネパールにおいて顕著である。「八母神」の名称、乗物、それぞれの「夫」あるいはパートナーは表2のようである。

八母神崇拝は仏教の中にも取り入れられた。

たとえば、仏教寺院ゴン・ピャカンにおいて毎年行われる八母神のダンスはよく知られている。カトマンドゥの旧市街アサン Asan にある仏教のアンナプルナ寺には八母神の浮彫りがある。

(3)護法尊（明王）

如来でもなく菩薩でもないが、仏教パンテオンの中ではかなり高い位置に置かれている男尊のグループがある。このグループには、マハーカーラ Mahākāla（大黒、図63・64）、降三世《ごうざんぜ》 Trailokyavijaya（図65）、不動 Acala（図66）などが属し、日本においては「明王」の名で呼ばれている。

マハーカーラ（大黒）

「マハー」とは「大なる」を意味し、「カーラ」とは「黒いもの」あるいは時間、すなわち死をも意味する。日本における大黒は、大国主命《おおくにぬしのみこと》に対する崇拝と混交したものである。ヒンドゥー教において「マハーカーラ」とはシヴァ神を意味する。したがって、仏教のマハーカーラ像は、ヘールカ尊と同様、ダマル太鼓、三叉戟、三日月、象皮など元来はシヴァの図像学的特徴を有することが多い。妃を抱いた姿で描かれることもあり、マンダラの中尊となることもあるが、パンテオンの中では仏、菩薩、仏の妃や瑜伽母、あるいは仏法を守る役目をする。チベットにおいては、この護法尊は土着的要素を極めて多く吸い上げ、種類も多く、しばしば馬に乗る（図67）。ネパールにおいてはチベットにおけるほど種類は多く

図64　マハーカーラ（スヴァヤンブーナート博物館，カトマンドゥ）

図63　マハーカーラ

図66　不　　動

図65　降三世（ごうざんぜ）

図67　馬に乗るマハーカーラ（『五百尊図像集』）

なく、馬に乗ったマハーカーラは見られないであろう。

降　三　世　ヨーガ・タントラの根本経典であり、金剛界マンダラを説く『金剛頂経』「初会《しょえ》の降三世品」では、世界の神々を降伏させたシヴァとその妃ウマーとを降三世が調伏する。この護法尊の両足の下に踏みつけられたシヴァとウマーとが描かれる。このようにして仏教徒はヒンドゥー教の神々より自分たちの神々が勝れていると宣揚したのである。

降三世は金剛界の大日の一化身と考えられている。日本の真言宗の教説によれば大日如来に、自身そのもの（自性輪身）、人々を救う柔和な姿（正法輪身）、および仏法に反逆する人々を浄化する忿怒の姿（教令輪身）が存するが、金剛界マンダラにおいては第一の化身は金剛薩埵であり、第二の化身が降三世であると考えられ、日本における作例は多い。ネパールにおける作例は、しかし、むしろ珍しい。

不　　動　日本では、胎蔵マンダラの大日の教令輪身であると考えられ、盛んに崇拝されているが、ネパールでは作例はそれほど多くない。この神の像を一般大衆に見せることは元来は禁じられていたということも、われわれの眼に触れにくい理由の一つであろう。パタン市の東南の端にあるマハーバウダ仏塔には図66に見られるような姿の不動が仏塔に彫られている。なお、ネパールではアチャラ Acala（不動）という名称よりも、チャンダローシャナ Caṇḍaroṣaṇa あるいはチャンダ・マハーローシャナ Caṇḍamahāroṣaṇa という名称の方が一般的である。

群小神　菩薩や女尊でもなく、仏の化身として活躍するわけでもないが、仏教パンテオンの構成員としてみのがすことのできない神格がある。その中の代表的なグループには、「北斗七星、九曜、十二宮、二十八宿」等の天体それぞれが神格化されたもの、仏教の中に守護神として取り入れられたインドラ（帝釈天）やブラフマン（梵天）等のヒンドゥーの諸神、および世界の四方を守る四天王などがある。

九曜　諸々の天体のグループの中、インドやネパールでは九曜のみが独立したグループとして尊崇されてきた。九曜とは、日曜（図68）、月曜（図69）、火曜、水曜、木曜、金曜、土曜、ラーフ（日月食の神、あるいは月の満ちることの神格化）とケートゥ（隕石《いんせき》の神、あるいは月の欠けることの神格化）である。これら神の乗物や持物は、しかしながら、一定ではなく、インドや中国、日本の伝統とも異なり、またネパールの中でも異なる場合がある。

ヒンドゥーの諸神　『リグ・ヴェーダ』のパンテオンの中では英雄神インドラ神（図70）が最も勢力のある神であり、ついで火神アグニが重要であった。しかし、『リグ・ヴェーダ』の中でも最後に編纂された部分（第九～一〇編、紀元前十～九世紀）では、インドラやアグニはその坐を新しい神である生主《しょうしゅ》（プラジャーパティ）などに譲るが、一方では、後にヒンドゥーの主要神となるヴィシュヌ Viṣṇu やルドラ Rudra（シヴァの原型）が活躍を始めるの

図69　月曜（月）

図68　日曜（太陽）

図70　インドラ神
妃をともなう

である。

英雄神インドラ　大乗仏教の初期の作品である『ブッダチャリタ』（ブッダの生涯）でしばしば王子シッダールタがインドラに譬えられている。そのインドラは、ヴェーダの時代において竜神ヴリトラを殺したかの英雄神ではなく、王子の成長を見守るかのような優しい神である。このようにして、インドラは仏教パンテオンの一員となり、中国や日本では帝釈天と呼ばれている。東インドやネパールにおいては、インドラは雨を司る神である。カトマンドゥでは九月に「インドラ・ジャートラ」祭が行われる。夜に咲く白い花パーリジャータを盗みに天から降りてきたインドラをカトマンドゥの王が捕えたという伝説に基づいている。インドラの母は息子を探して地上に降り立ち、息子の釈放を条件に十分な靄《かすみ》や露を約束したという。

火神アグニ　火神アグニもまた仏教のパンテオンの中に取り込まれた。ヴェーダ祭式の柱の一つは火の中に供物を投げ入れる護摩《ごま》（ホーマ）であるが、密教の時代になって仏教も実践形態の一つとして護摩を取り入れた。カトマンドゥの仏教寺院の本堂の前に四〇センチ《チセン》四方ほどの護摩炉が設けられていることが多い。

ブラフマン（梵天）　宇宙原理ブラフマンは非人格的原理として留まる一方で、人格化された男神ブラフマン（梵天）も生まれた。釈迦が悟りを開いたときに彼に法を説くように懇請したのが梵天であるといわれており、初期仏典においても梵天は重要な神格として登場する。しかし、それはあくまでも釈迦や法を守る存在としてであって、崇拝の対象としてではない。

グプタ朝以降ヒンドゥー教の力が強まるなかでシヴァとヴィシュヌの二神が主神となったが、この二神はまた仏教のパンテオンの中にも組み入れられた。もっともインドラやアグニのようにかつての偉大な神々とは異なり、仏教と平行して存在ししばしば仏たちを脅す存在であったシヴァやヴィシュヌは、そのままのかたちでは仏教の神々とはなっていない。シヴァは、普通、忿怒の相を取ったバイラヴァという姿で仏教のパンテオンの中に入っている。一方、ヴィシュヌは後世、一〇の化身を有するに至ったが、その化身の一つがブッダである。ネパールの仏教の絵では、ヒンドゥーの神々として有名なシヴァやヴィシュヌの像がしばしば描かれるが、その場合には仏教の主要神格を守る役目を受け持つのである。

水の神ヴァルナ、風の神ヴァーユ、地の神プリティヴィー、そして死者の国の王ヤマ（後世、閻魔となる）などを含む八方天も仏や世界を守る神として登場する。

四天王　四天王とは、メール山（須弥山）の中腹に住み、法を守る神々であり、東方の持国天、南方の増長天、西方の広目天、および北方の毘沙門天である。これらの神の起源は必ずしも明白ではないが、ヒンドゥー教にも世界の四方を守る神々が定められており、おそらくこの考え方が仏教に導入されたものであろう。毘沙門天は富の神クベーラと同一である。

四天王はしばしばマンダラにおける仏の館の四門を守っている。カトマンドゥの仏教寺院の正面扉の左右には四天王の中の二神の像が置かれることがある。たとえば、パタン市のウク・バハール寺院の本堂正面扉の下部には、向かって左に毘沙門天、右に広目天の像がある。

マンダラとしてのカトマンドゥ盆地

聖なる領域

以上のようにさまざまな起源や職能を有する神々がカトマンドゥ盆地に住んでいる。彼らの姿は、それぞれの住処《すみか》すなわち、寺院の屋根を支える方杖や、壁面や、入口上部のトーラナにおいて、木に彫られたり、銅板に打ち出されたりしている。彼らは姿を与えられているという意味で「受肉した」存在なのである。姿を与えられ、住処を与えられた神々は、人々に自分たちの居るところを知らせ、それぞれの集落の中で「聖なるもの」の電荷を帯びた地域を作る。人々は日常は「俗なる」領域の中で生活しているが、彼らの行動範囲の中に「聖なる」領域が存することを知っており、また「聖なる」領域に行けば、「受肉した」神々に会えることも知っている。月あるいは週の中の定められた日には「聖なるもの」の位階あるいは「聖性の度」はとりわけ高い。

七月から八月にかけてのネワール仏教の祭りグンラのときには、出勤する人々もその前にスヴァヤンブーの仏塔まで、しばしば笛や太鼓の楽隊とともに、歩いていき、仏塔を時計まわりにまわることによって、仏の涅槃のシンボルである塔を礼拝する。そして帰宅後、仕事に出かけるのである。そのような「聖なるもの」との接触が彼らの「俗なる」日常を支えているのだ、とカトマンドゥの人々は、意識の程度の差こそあれ、知っている。

マンダラとカトマンドゥ盆地

カトマンドゥ市を西北の丘から見おろすこの仏塔はいく世紀にもわたってネワールの仏教徒にとって、そしてヒンドゥー教徒にとっても、「一つの特別な場」でありつづけてきた。丘の上という恵まれた位置にあるこの「聖なる」領域は、カトマンドゥ市という生活の場の中にあってとりわけ強力な電荷を帯びつつ自己の存在を示しつづけてきた。鉢を伏せたようなかのカイラーサ山が世界の中心であると考えられてきたように、スヴァヤンブーの仏塔もカトマンドゥ盆地の中心と考えられてきた。すでに見たように、スヴァヤンブーの仏塔とその周辺の寺院や祠堂は全体として一つのマンダラを形づくっているのであるが、この仏塔はまたカトマンドゥ盆地全体がつくるマンダラの中心でもある。カトマンドゥ盆地という空間の中で、とりわけ聖性の度が高く、他の空間が常にそこに「向かっている」ような中心となっている。この大きなマンダラの中にはそれぞれの住処をおのが最適の住処として住みつづけている神々がそれにふさわしい位置を占めているのである。

チベットの密教

インド仏教とチベット仏教

インドにおける大乗仏教の状況

チベットが仏教を本格的に導入しはじめるのは七世紀に入ってからである。七世紀のインドではすでにヒンドゥー教の勢力が仏教のそれを凌《しの》ぎ、インド大乗仏教はすでにその頂点に達して徐々にではあるが勢力を失いつつあった。インド大乗仏教が当時、危機を感じはじめていたことは、七世紀から九世紀前半までの仏教勢力のチベットへの急激な流入からも推察される。インドにおいて縮小されていく仏教エネルギーは、己れの保身を計ろうとチベットにそのエネルギーの保存庫を見つけたように思われる。

なぜ七世紀にはヒンドゥー教の勢力が、いったんは斬新なイデオロギーとしてインドの地に拡がりはじめていた仏教のそれを凌いでいたのだろうか。それは、それまで主として仏教が宣教してきた宗教的財であった個人の精神的至福（ニヒシュレーヤサ、解脱、悟り）への追求をもヒンドゥー教が自らの宣教するもの（財）として捉えなおしたからである。つまり、ヒンドゥー教は七世紀ごろには世間および出世間両方の価値を備えたイデオロギーとして機能していたのである。仏教は当初より出世間的価値を求める者たち、すなわち出家僧たちを対象としていた。それゆえ、仏教は世俗的繁栄（アビウダヤ）の獲得については冷淡であった。世俗的繁栄を求めず、生命体に生じてくる生理的欲動さえも止滅させようとするような仏教の禁欲的方法は、しかしながら、時代とともに説得力を失っていった。「色かたちあるものは空なるもの（空性）であり、空性は色かたちあるものである（色即是空、空即是色）」といったような古典的スローガンには人々はもはや満足しなくなっていた。少なくとも人々はそのような古典的表現に新しい解釈を求めはじめていたのである。

二五〇〇年の仏教史の中でチベット人たちが登場するのはその後半においてである。七世紀ごろには、すでに述べたように、インド仏教はその最も重要な思想上・宗教上の貢献をなし終わっており、その後に続く数世紀の苦難の時代を予感しつつあった。この意味ではチベットはインド仏教の指導者たちにとってまたとない「マーケット」であった。チベットへの宣教はインド仏教徒社会の中で受け入れられなかった者たちによってなされたのではない。巨大な仏教僧院の学頭たち自らがチベットに赴いたのであった。チベットもまたインドの代表的学僧たちを迎えるにふさわしい国家的規模の準備をしていた。

仏教導入以前のチベットが文化的にまったく不毛であったということは誤りであろう。もしそうであれば伝統の異なるインド仏教を、しかもそのほとんど全側面にわたって、二世紀ほどの間に導入することは不可能であったはずだ。しかも、仏典・論書などの膨大な量の翻訳は八世紀後半から九世紀前半にかけての一〇〇年もない時期に行われているのである。爆発とも形容できるこのような仏教の活動は、むろん、今世紀における衰退同様、仏教の思想・宗教上の本質に関係している。すなわち、当時のチベット社会は当時のインド仏教を、人々の精神をゆり動かし、同時に知的体系によって文化全般を指導するものとして必要としたが、二十世紀のチベットは少なくとも一〇〇〇年前と同程度には仏教を必要としなかったのだ。

政治・経済的に力を蓄えた七、八世紀のチベット（吐蕃《とばん》）は当然ながら中国とも交渉があった。「漢民族とその周辺の民族との関係」といういく千年にもわたる構図からチベットも脱け出すことはできなかった。しかし、中国から地理的に遠く離れ、さらに中国（唐）と戦争も行ったチベットが新しい時代のイデオロギーの源泉として選んだのは中国ではなくインドの思想、しかもインド大乗仏教であった。そして、その後の歴史においてチベットはむしろ中国のいくつかの王朝（元、清）の宗教的イデオロギーの源泉であった。この意味ではチベットは中国におけるいわゆる「少数民族」の中では特異な位置を占めてきた。

当時、インド大乗仏教は、新興の学問で武装し、四姓制度（カースト制度）のような特殊な社会体制からも自由であり、しかも、個人の精神的至福とそれを獲得するための実践体系を備えたすばらしいイデオロギーとして、まずチベット王室を引きつけた。しかし、伝統の異なる、それまで交渉のなかったインドからの仏教導入は、容易には進まなかった。チベット王室の努力にもかかわらず、インド仏教の導入が本格的にはじまるまでにはいくたの曲折を経ねばならなかったのだ。

チベットへの仏教の導入

八世紀の後半、チベット王室は当時のインド仏教界を代表する学匠シャーンティラクシタ（寂護《じゃくご》）をチベットに招いた。彼の仏教思想は、当時すでにインドで勢力を伸ばしはじめていたタントリズム（密教）には少なくとも表面上は冷淡であり、自らはむしろ伝統的な修行階梯を重視し、認識論・論理学の体系をその宗教実践の基礎としていた。それまで一世紀以上にわたってさまざまなかたちで仏教が導入される過程を見てきたチベット王室は、自らのイデオロギーとなり得る仏教のかたちを王室の名のもとに導入しようとした。インドからシャーンティラクシタが招かれた背景にはそのような事情があった。

チベットに入ったシャーンティラクシタを待っていたのは土着の宗教ポン教（ボン教）であった。彼の入蔵（チベット入り）の直後、疫病が流行したが、これがインドからの新しい宗教の導入のせいとされた。そのためシャーンティラクシタは一時ネパールのカトマンドゥ盆地の南西端の町キールティ・プールに戻り次の機会を待ったと伝えられる。再度のチャンスが訪れたとき、シャーンティラクシタは呪術者パドマサンバヴァ（蓮華生《れんげしょう》）を連れて中央チベットに赴いた。パドマサンバヴァが瞑想に用いたと伝えられる岩屋がカトマンドゥ盆地の南西のパルピンの丘陵地帯に残っている。当時のインドの僧院仏教を代表するシャーンティラクシタと在野の行者パドマサンバヴァとがお互いにどのような思惑で共に行動したのかは定かではない。そもそもこの二人の仏教に対する態度は大幅に異なっており、チベットに仏教を伝えるという点で一致することはできても、どのようなかたちの仏教をどのように伝えるかについては一致しようがなかった。ともあれ、この二人によってインド仏教が本格的にチベットに導入されたことは、その後のチベット仏教の方向を決定したといえよう。

シャーンティラクシタの伝えようとした仏教が認識論・論理学の体系を踏まえ、階梯を順に追っていくかたちの実践論理を重視したものであったのに較べて、パドマサンバヴァが伝えようとした仏教は、儀礼的および呪術的要素を多分に有し、哲学的体系をむしろ軽視したものであった。前者はインド仏教の伝統である僧院仏教を基底としていたが、後者は僧院を離れて修行する行者たちや一般の民衆を対象としていた。パドマサンバヴァは当時のインドで勢力を強めていたタントリズム（密教）の行者であった。

タントリズムは土着文化の要素を多分に有し、従来のインド仏教の性に対する禁欲的な考え方に批判的であった。つまり、僧院の仏教にとっては悟りを得るためには性行為は障害以外の何ものでもなかったが、密教は、性行為は何らかの前提条件が加えられるならば、悟りを得るための障害にはならないし、時としてはその有効な手段ともなり得ると考える。当時としてはこのような考え方は革新的なものであった。したがって、そのような新しい考え方は、これから国家体制を整えようとするチベット王室にとって歓迎すべきものではなかった。チベットの従来の呪術者や宗教家をおそらくは自らの呪術的力によって打ち負かしたパドマサンバヴァは、入蔵後数年で没している。彼の死因は不明だ。が、シャーンティラクシタの推薦する「正統派」の学問で武装した仏教を導入することに決定したチベット王室にとって、パドマサンバヴァの存在は好ましいものではなかったことは容易に推測できる。チベット王室は仏教導入の初期には、密教経典の翻訳を禁じたほどだ。

だが、パドマサンバヴァによって伝えられたかたちの仏教は、彼の死後、今日まで生き残っている。後世、彼の伝えた仏教およびそれに似たかたちの仏教を総称して「古派」(ニンマ派)という。パドマサンバヴァはこの「派」のいわゆる開祖ではない。そもそもニンマ派という一つの組織だった宗派があるわけではない。だが、ニンマ派と呼ばれてきた形態は、後世、ポン教(ボン教)や他の土着的宗教と相互浸透現象を起こしながら、ダライラマの率いるゲルク派と対抗する勢力を持ちつづけてきた。もっとも「勢力」といっても政治的権力を意味するわけではない。が、土着的な崇拝形態の存続はシャーンティラクシタの薦める仏教が導入された後も生き残って

図71　ニンマ派の僧（ソル地方，ネパール．貞兼綾子氏撮影）

おり、その形態と深く結びついたいわゆるニンマ派はチベット仏教の無視できない側面を具現している（図71）。

シャーンティラクシタも再度の入蔵後ほどなく没した。死に際して彼は、自分が推薦した精緻な哲学体系を擁するインド大乗仏教が、当時すでにチベットにおいて勢力を得はじめていた中国系の仏教とまもなく対決せざるを得ないことを感じていた。彼の予測どおり、シャーンティラクシタの弟子カマラシーラが代表するインド「正統派」仏教と大乗和尚を代表者とする中国系の仏教は、シャーンティラクシタが建てたサムエ僧院において対決することになった。その結果、インド系の仏教が勝利を収め、中国系の仏教はその後チベットの中で支配的な力を得ることはできなかった。しかし、中国系の仏教はその後のチベットで、パドマサンバヴァに代表される密教的・呪術的な宗教の理論的側面を支えた。「大究竟」（ゾクチェン）と呼ばれる思想・実践形態はニンマ派の好むところであるが、その理論的背景には中国系の仏教、おそらくは禅宗の一派があった。禅の伝統は、少なくとも中国においては支配的イデオロギーとなることはなかったし、当時、法律・文化などの制度を確立せねばならなかったチベットにとっても、すべての思考を放棄して「外界とは切り離された自己空間」の中で精神的至福を求めようとした中国系の禅仏教は、指導的イデオロギーとしてはふさわしいものではなかった。

新しいイデオロギーとしての仏教

シャーンティラクシタおよびその弟子カマラシーラの伝えた仏教は、チベット王室の庇護のもと、恐ろしいほどの勢いでチベットに根をおろしていった。経典の翻訳もインド人とチベット人との共同で考えられないほどの大きな規模と速いスピードで行われた。チベット人は文字を作り、サンスクリットを訳すために文法を整備し、九世紀初頭にはサンスクリットとチベット語の用語対照辞典を作っていた。チベットではその翻訳事業の初期的段階で密教経典の翻訳を禁じたということがあったとはいえ、インド仏教のほとんどすべての分野、さらにはサンスクリット文法学、宮廷詩、詩論、ヒンドゥーの叙事詩などもチベット語に訳された。その訳文は正確であり、チベット語訳文から失われたサンスクリットのテキストが「復元できる」ほどだ。

このようにしてチベットの仏教は、インド仏教の科目のほとんどすべてを受け入れた。宗派による違いこそあれ、インド仏教に対するチベット仏教のこのような態度は、その後の歴史の中で変わることはなかった。インド仏教の全側面的導入は、中国や日本の仏教導入と比較した場合、特に重要なチベット仏教の特質である。たしかにチベットの仏教の儀礼形態などから受ける印象は、インドやネパールの仏教のそれとはほど遠い場合が多い。しかし、それはチベットの地理的条件に起因する特異な生活様式からくるものと思われる。

そのような要素の存在を考慮してもなお、チベットの大乗仏教は他の国の大乗仏教よりも優れてインド的だ。このようにインド的な仏教がチベットのその後の歴史において支配的イデオロギーとなったのである。その一〇〇〇年以上の「神権政治」の歴史の中で、チベットは世間的論理と出世間的論理との両方を必要としたのであるが、その両者を兼ね備えた思想は、パドマサンババの密教でもなく、大乗和尚の禅的仏教でもなく、インドの精緻な論理で武装した、シャーンティラクシタの哲学的宗教思想であった。その際、カースト制度という特定の社会制度を前提とするヒンドゥー教の思想あるいは宗教を導入することは、チベットにとって考えられなかった。したがって、当時のチベットにとって進んだ知の体系を有していた、近くにある導入可能な思想は、インド大乗仏教、中でも、僧院を中心にして発展してきた大乗仏教であった。

すでに述べたように、仏教はそもそもの初めにおいては世間的な営みに対して冷淡であった。むしろ無関心でなければならなかった。出家した僧は、世間的な営みに関与することを放棄するという約束のもとに、布施などによって自らの生存を保つことができたのである。出家中心主義は大乗仏教の時代においても変わることはなかった。インド大乗仏教を通じて、仏教は僧院を中心にして展開されたのである。

しかし、出家者も在家も含めて仏教徒たちが、古典的思想に満足できなくなっていった事情もすでに述べた。つまり、七世紀ごろのインド仏教は出世間的な精神的至福をもっとも貴重な宗教的財と評価しつづけつつも、世間的あるいは世俗世界に関する知の体系を自らの中に持とうとしていたのである。すなわち、寂滅の道（ニヴリッティ・マールガ）が基本にあるが、促進の道（プラヴリッティ・マールガ）も仏教徒が評価しはじめたのである。シャーンティラクシタあるいはカマラシーラの仏教は、伝統的な個人の精神的至福への追求のシステムの中に、不十分なやり方においてではあったが、一般世界に関する学的知の体系を含むのに成功していた。ヒンドゥーの人々にとってはむろん、仏教のそのような努力は満足できるものではなかったし、彼らは自らの伝統がすでにかの両側面を提供できるように成長したことを知っていた。ともあれ、自分たちの勢力が徐々に衰えるのを感じた仏教徒もまた、新しい時代の要求に応えようとした。その努力はおよそ十三世紀前半まで続いていたが、十三世紀初頭にはヴィクラマシラー僧院がイスラム教徒の焼打ちにあい消滅し、インド大乗仏教は実質上滅んだ。

インド大乗仏教が衰弱しつつも世間的な知の体系や儀礼の実践形態などを自らの中に含むことのできたこと、これが、チベットにおける神権政治の支配イデオロギーとして仏教が機能できた、つまり、インド亜大陸では「なくなってしまった」仏教イデオロギーが、チベットという新興国においてはインド大乗仏教の滅亡後七〇〇年近くもイデオロギーとして機能できた原因の一つである。

チベット仏教の展開

仏教の暗黒時代とアティーシャ

驚異的な規模と速度で進んでいたインド仏教導入の事業は、九世紀半ばに決定的な打撃を被った。八四一年、当時のチベット王ランダルマが破仏を行ったのである。仏教への大がかりな保護政策が財政上の破綻をもたらしていたことが破仏の一原因と考えられる。この破仏の後、チベット仏教は約一世紀半もの暗黒時代を迎えるが、十一世紀になって新しい展開を見せることになる。つまり、この「暗黒時代」はチベット仏教にとって新しい時代への準備期間でもあった。パドマサンバヴァに代表されるかたちの仏教は破仏の後、ますます土着的崇拝形態との結びつきを深め、いわゆる「ニンマ派」（古派）の勢力の醸造が行われたのである。ボン教が仏教の理論体系によって刺激を受けながら自らの理論体系を形成しつつあったのもこの時期においてである。要するに、ランダルマ王の破仏は、チベット史の中で大きな事件ではあったが、その後のチベットでは仏教を支配的イデオロギーとしてもはや採用しないということにはならず、それまでの仏教（前伝期）と、復興してからの仏教（後伝期）とを分ける大きな区切れ目となるにとどまった。

ランダルマ王以後、王家の血筋が途絶えて、地方氏族の割拠時代に入り、政治的な面でも破仏は大きな切れ目となった。後伝期の仏教もインド人とチベット人との共同作業によって始まった。十一世紀のインドにはまだチベットに僧侶たちを送る勢力が残っていたのである。この時期の共同作業の初期の代表的人物はヴィクラマシラー僧院のアティーシャ（あるいはアティシャ、九八二～一〇五四）である。およそ六十歳くらいであった彼は西チベットのガリ地方の王の招きを受けて入蔵し、ドムトゥン（一〇〇五～一〇六四）などの弟子にめぐり会い、七十二歳でチベットの地で没している。アティーシャに就いたドムトゥンが確立させた宗派はカダム派として知られている。

この学派の勢力は十四世紀末には新しく生まれたゲルク派に吸収されてしまうのではあるが、ゲルク派がその後まさに近代に至るまでチベットの指導的思想となった要因の多くの部分を提供した。カダム派およびゲルク派は、シャーンティラクシタの伝えたかたちのインド大乗仏教の流れを伝えている。それゆえ後伝期においてもチベット仏教の主流はこの伝統であるといい得る。

アティーシャの基本的考え方は、戒律を重んじ、唯識思想に影響を受けた空観思想を理論的支柱とし、そして、密教の修行方法によって悟りを得るというものであった。彼自身は戒律を守る伝統的僧侶であり、密教的な修行方法を受け入れてはいるが、性的ヨーガを含むかたちの密教的修行方法を認めるものではなかった。この禁欲的・出家主義的態度は、大乗仏教がインド亜大陸で消滅せねばならなかった主要原因の一つであったろうが、僧院制度を中心とするチベット仏教の勢力保存にとっては有益であったと思われる。チベットの仏教全体が在来の土着的宗教形態の要素を多分に含んでいることは事実であり、民衆もそれぞれの仕方で仏教の儀礼に参加するのではあるが、チベット仏教は基本的には厳しい戒律を守る比丘《びく》たちによって支えられてきたことを忘れてはならない。

マルパの仏教運動

アティーシャの伝統的仏教の宣教活動とほぼ同時期にチベットでは新しいかたちの仏教運動が起きた。マルパ・ロツァーワ（一〇一二〜一〇九七）の密教運動である。彼はインド・ネパールをいく度も訪れ、サンスクリットを学び、ヒンドゥー教の女神崇拝の要素を多分に含んだ『勝楽《しょうらく》（チャクラサンヴァラ）タントラ』を訳している。「ロツァーワ」とは翻訳官を意味する。マルパが訳したこの経典は密教に属するものであるが、パドマサンバヴァの伝えた密教とはかなり異なったものであった。すなわち、それは呪術的な要素を含んではいるが、パドマサンバヴァの伝えたと考えられる理論・儀礼形態と比較して格段に進んだものであった。マルパの時代のインド大乗仏教は、精神・生理学的なヨーガの行法や仏像に供物を捧げる供養法などの儀礼に関しては精緻な理論を有していた。

マルパ自身は、しかし、自らの精緻な理論的体系を作り出そうとしたわけでもなく、大寺院を建立して教団を統率しようとしたわけでもなかった。彼は在野のヨーガ行者であり、死者を蘇生させるというような超能力の習得に多大な関心をよせていた。彼は結婚し、息子もいた。彼の著作集は残されておらず、彼の思想は断片的な資料によって知られるのみであり、彼がどのようなヨーガを修したのかは不明であるが、おそらく性的ヨーガすなわち、性行為あるいは性的技法を修行の一環として組み入れたヨーガに近いものを行ったのであろう。

ミラレーパとガムポパ

マルパの数少ない弟子の一人にミラレーパ（一〇四〇～一一二三）がいる。彼は今日でもチベット人の間では行者の理想的モデルとして親しまれているが、彼は親類の者たちに復讐をするため呪術を習い、多くの人を殺してしまう。罪を悔いた彼はマルパの弟子となって悟りを開いたという。ミラレーパもマルパと同様に大きな教団を組織しようとはせず、整然とした理論体系の形成を目指したわけでもなかった。とはいえ、かの中国系の禅仏教のように思念の放棄によって一種の神秘的直観を得ようとしたのでもなかった。後世、彼の後継者がまとめた自伝風の書物『十万唱』によれば、彼が弁証を好み、インドの中観《ちゅうがん》思想――ときには唯識思想――に依拠していたことがわかる。

行者ミラレーパの弟子の一人にガムポパがいる。彼は師ミラレーパにわずか三年弱就いたにすぎないが、以降のマルパ、ミラレーパの伝統のあり方を決定した。ガムポパは組織力に勝れており、元来カダム派の伝統を引く人物であったので、僧院を中心とする教団組織の運営にも抵抗がなかった。ガムポパは、マルパやミラレーパによって伝えられ、当時としては新鮮であった密教的ヨーガの行法を、伝統的な教団システムの中に持ちこもうとしたのである。

ガムポパの試みは成功した。彼の直弟子あるいは間接的な弟子たちによって短期間のうちに数多くの教団が生まれた。一般には、カルマ派・パクモトゥ派・ツァル派・ディクン派・ドゥク派・タクルン派・バプロム派・ヤーサン派・トプ派の九派が数えられる。これらの教団はカギュ派あるいはタクポ・カギュ派と呼ばれている。「カギュ」とは教え（カ）の伝統（ギュ）を意味する。「タクポ」とはガムポパの別名であり、ガムポパのカギュ派の意味である。「マルパ・カギュ」という呼び方もないわけではないが、「タクポ・カギュ」という呼び方の方が一般的である。これはカギュ派におけるタクポすなわちガムポパの重要性を物語るものであろう。

たしかにカギュ派の伝統の中には、カダム派が伝えるような「正統派」仏教に対抗する側面、たとえば、土着的要素の吸収、儀礼の重視などがその後も存続しているし、ガムポパ自身の中にもそのような傾向がないわけではない。それがカギュ派の特質でもある。しかし、カギュ派が後世ゲルク派と対抗する勢力をある期間持ちつづけることができたのは、ガムポパおよびその弟子たちが僧院を中心とする教団組織を確立し、有力な氏族と結びついた氏族教団となった結果である。とはいえ、他ならぬこのことが、いく世紀か後に仏教を窮地におとしいれることになる。今世紀半ばにおいてもチベットは僧侶を中心とする一種の神権政治を行っていたため、国際情勢の中で自らの国の位置を見定めることができなかったのである。

チベット仏教とモンゴル

カギュ派の興隆期とほぼ時を同じくして、別の大きな氏族教団であるサキャ派が育った。ラサの南西にあるサキャの地でサキャ派を開いたコンチョク・ゲルポは元来はニンマ派の系統に属する者であったが、インド・ネパールにいく度も出かけ、インド後期密教の代表的経典である『呼金剛《こんごう》（ヘーヴァジュラ）タントラ』を学び、それを訳出した。このタントラはヨーガ行法の中に組み入れられた性行為を悟りを得る手段とみなしている。マルパと同様、彼は妻帯し、子供もあった。彼はサキャ寺を建立し、一宗派の開祖ではあったが、インドの大僧院で戒律を守って生活するかたちの出家者ではなかった。

仏教であり、寺院の僧侶である以上、ある程度の性への否定的態度はもちろん存するのであるが、少なくとも初期のサキャ派には性行為に対する「否定的態度のゆるみ」が見られる。これはサキャ派の勢力を拡大・保持するのに有効であった。サキャ派の密教的理論体系の実質的組織者はコンチョク・ゲルポの実子サチェン・クンガーニンポである。彼はインド人ヴィルーパが作ったと伝えられ、『呼金剛タントラ』を体系化である『金剛句偈《くげ》』に註釈をするというかたちでサキャ派の代表的思想「道果説《どうか》」を確立した。「道果説」とは「果を伴う道に関する説」の意味である。つまり、宗教実践の過程（道）がすでに悟りという結果（果）を自己自身の中に有しているという説であり、宗教実践の階梯を重視する態度（顕教《けんぎょう》的態度）とは対極にある理論だ。

カギュ派・サキャ派などの他にも、地方豪族に支持された宗派が生まれ、各地に勢力を確立しつつ、長い時（十一〜十五世紀）が流れた。この期間中、サキャ派が他の諸宗派から抜きん出て勢力をふるい、モンゴル帝国の最盛期にその宗教的権威として迎えられ、サキャ派の法主が、モンゴルの帝師となった一時期がある。また、きわめて呪術的・密教的特質を有したシチェ派が活躍した。このように後伝期のチベット仏教は「より密教的な」性質を帯びていた。土着的要素との結びつきを前伝期以上に強めたニンマ派は、後伝期を通じて勢力を保ち、チベットに新しく活力あふれる密教を導入したマルパは、各宗派から尊崇されて、「師の系譜」の中に位置づけられた。

ランダルマ王による「破仏」をむしろバネとして、新しく、密教的な性質を強めて興隆したチベット仏教も、十一世紀から遠ざかるにしたがって、密教的要素は「活力」ではなく、「堕落」である側面を強めていった。その反省から改めて顕教的要素が再評価されはじめた。この時期にゲルク派の開祖ツォンカパが登場するのである。

ツォンカパの「宗教改革」とコミュニズム

ツォンカパとクンガー・サンポ

十四世紀末にチベット仏教は決定的な転換期をむかえる。青海省の西寧市に近いツォンカの地に生まれた一僧侶ツォンカパ（一三五七～一四一九）が、ゲルク派を開き、インド「正統派」仏教の伝統のチベット的集成を行った。彼はおよそ一〇〇〇年にわたる後伝期のチベット仏教史の頂点に立っており、時期的にもほぼ中間点に位置する。彼の立場は、カダム派の伝統に立ち、戒律を重視し、階梯の順に従って修行するというものであった。したがって、彼は、性的ヨーガの実践に批判的であり、性的ヨーガの行法を示唆しているかのような密教経典の個所に関しては、それを精神主義的に解釈しなおした。ただ、だからといってツォンカパの仏教思想に密教の要素が含まれていない、ということはできない。彼自身は密教に積極的関心を持っており、密教の著作も多いのである。

ツォンカパの時代には、インド仏教はすでに滅んでおり、インドに留学したり、インドから教師を招くことはできなくなっていた。したがって、チベットは自らの手によって仏教の伝統を展開させていかねばならなかった。チベット人の手になるインド仏教の全体的かつ集約的理解は、十四世紀のプトンによってすでになされていた。しかし、プトンの業績は、仏教のチベット的展開というよりは、インド仏教のチベット人による百科事典的理解とでもいうべきものであった。チベット仏教の確立はやはりツォンカパによってなされたというべきであろう。

ニンマ派に代表される古い仏教の流れはしばらくおくとして、ツォンカパはチベットに伝えられたインド正統派の仏教を解釈しなおし、その後のチベット仏教の教理や重要な儀礼の仕方などを定めた。ツォンカパの偉業はしばしば「宗教改革」と称される。

ツォンカパとキリスト教の宗教改革の相違

ツォンカパの「宗教改革」と同じような動きはサキャ派の中にもあった。十四世紀はサキャ本家からゴルとゾンという新派が生まれたが、サキャ本家が血脈を重視した法主の相続を行っていたのに対して、これらの新しい二派は自らの代表者の選出にあたって血脈を重視しなかった。ゴル派のクンガー・サンポは、弟子たちの養成にあたって教授の方法を二つに分け、「弟子教授」（ロプシェ）と「一般教授」（ツォシェ）とした。前者はサキャ派の理論および儀礼の執行方法を含めた実践のあり方についてすでに高度の学習を済ませたものに教えるコースであり、後者は学習のそれほど進んでいない者たちを対象とするコースである。それ以前はこのような区別はなく、密教的な秘儀は師よりの認可を受けた者たちにのみ与えられたのであった。クンガー・サンポはいわゆる宗教的価値あるいは「財」の大衆化の動きがあることを見てとり、従来の秘儀伝授の伝統を保存しつつも、より開かれたかたちの教授法をゴル僧院の授業科目として定めた。彼は、性的ヨーガに関しては初期サキャ派の僧侶たちよりもはるかに消極的であった。クンガー・サンポは、このようにしてサキャ派という限られた領域の中においてではあるが、ツォンカパの宗教改革と同じようなことを行ったのである。

ツォンカパの「宗教改革」は、しかし、ルターやカルヴィンのそれとはその状況と内容においてかなり異なったものだ。前者はチベットがまだ中世の中央集権的国家体制を確立する以前のことであったのに較べて、後者はヨーロッパの近代市民社会の胎動をまって可能となったものだからだ。ルターが活躍した十六世紀の前半期には、人はそれぞれ社会における個人としての自覚を持ちはじめており、ある程度自由な生活形態を個人で選ぶ自由を楽しんでいた。限られた範囲ではあったが、社会がその構成員に個としての尊厳を与えはじめていたのである。キリスト教教会は依然として絶大な権力を有し、人々の生活の規範となってはいたが、キリスト教の教義や典礼は、修道院で生活する修道士たちに精神的至福を提供するだけでなく、市民たちのための精神的至福をも提供しようとしていた。そして、宗教的エリートとしての修道士あるいは司祭たちの求める宗教的財と市民たちの求めるそれとの共通要素が大きくなっていた。司祭たちは禁欲的な生活をしながら神に祈って魂の平安を得るが、一方の市民たちができることといえばマリア像の前でローソクをともすぐらいだ、ということではなくなっていたのである。

十五世紀のチベット社会の状況は、ヨーロッパのそれとはかなり異なっていた。チベットでは各地方の豪族が特定の宗派と深く結びついたまま、互いに争っていた。全国的な統一がなされるまでにはなお一世紀以上の年月が必要であった。当然、市民社会の胎動もまだなく、僧侶階級を中心とした中世的な社会があったのみである。

当時、チベットの大きな僧院は五〇〇〇から七〇〇〇もの学僧をかかえており、僧侶たちは出身の地区に分かれて宿舎生活を送っていた。彼らは比丘《びく》としての生活を送り、学習と儀礼の執行にいそしんでいた。一家に数人の息子が生まれれば、一人は僧侶となったといわれる。したがって、チベット全土では途方もない数の宗教的エリートが生活していたことになる。そのような僧院のあり方が、一九五九年まで続いたのである。

僧侶たちはインドから伝えられたさまざまな科目を学んだ。彼らは、般若経典の読誦、戒律の細目の学習、論理学・認識論・顕教的修道論の階梯などをまず学ぶ。密教の修行に入るものは顕教の学習がほぼ修了した者に限られた。「チベットの仏教は密教的である」としばしばいわれる。だが、後伝期の仏教は顕教を基部として有し、その上のいわば上部構造として密教があったことを忘れてはならない。妻帯が許されたわずかな数の密教僧は別として、一般に僧侶たちは、戒律を守り、伝統的な修行の階梯を順を追って宗教的財を追求した。それは職業的専門家のみが追求できるかたちの財であった。当時の民衆たちが仏教に対してどのような理解と心情を有していたのかはよくわからない。しかし、民衆たちが僧院に住む職業人の求めたものを求めようとしていたのではないことは確かだ。

ツォンカパはあくまで僧院の中に住む僧侶を念頭においていた。一般の民衆のことを考えたことがあったとしても、それは大がかりな儀礼を見に集まってくる者たち、あるいは、病気治癒などを願って供養祭の執行を依頼してくる者たちとしてであった。それはツォンカパが民衆を見下していたからではない。彼が置かれていた社会的情勢のせいなのである。

鎌倉仏教との比較

ツォンカパを中心とするゲルク派の宗教形態と、親鸞《しんらん》や道元《どうげん》などに代表される鎌倉仏教とを比較する場合にも、ルターとの比較と同じような対照が見出される。親鸞や法然の念仏運動は僧侶たちによって指導されてはいたが、その僧侶たちが求めた宗教的財の内容は、信徒たちの求めたそれとはそれほど異なってはいなかった。

法然や親鸞の思想は、伝統的な仏教が保ってきた世界の構造に関する体系的な叙述や認識能力に関する精緻な弁証などを捨ててしまった。知的体系を切り捨てたことは、その後、浄土真宗や浄土宗が力を有するためには有効であった。人々は、とりわけ日本ではスコラ的な知の体系を必要とはしなかったからだ。鎌倉仏教が知的体系を捨てたのはこうした日本的特質の生んだ結果と考えるべきである。

もっともツォンカパはルターや親鸞と較べるよりも、トマス・アクィナス、朱子《しゅし》、インドのウダヤナなどと較べるべきかもしれない。トマス・アクィナスは、「当時形成されつつあった世界に関する知の体系」とキリスト教の信仰とを統一しようとした。彼の世界と神に関する体系的整合的な知は当時の社会が必要としたものであった。トマス・アクィナスを代表者とする中世スコラ哲学はルターたちの宗教改革が始まるまではヨーロッパ宗教思想の根幹をなしていたのである。朱子の思想もまた中国において同様の役割をなした。彼は儒教の伝統を当時の哲学的弁証の中に溶かして世界に関する整合的な知的システムを作りあげた。朱子の思想も「中世」の中国における哲学的柱であった。

コミュニズムとチベット仏教

ツォンカパが開いた宗派ゲルク派が後世はダライラマの学派となり、チベットの指導的立場を守ることになる。しかし、ツォンカパの没後、ダライラマ政権の確立（一六四二年）までは一世紀以上の歳月が必要であった。一五七八年、ゲルク派の指導者ソナム・ギャッツォは青海でモンゴルのアルタン汗《ハン》に会い、「ダライラマ」の称号を受けた。「ダライ」とはモンゴル語で海を意味し、チベット語のギャッツォ（海）にちなんだものであった。「ラマ」とは、目上の者、師を意味する。これ以後ダライラマの系譜が続くことになった。

一六四二年、カルマ・テンキョンが滅ぼされてダライラマ政権が確立する。これ以後、ゲルク派はチベットの主権者であり続け、一九五九年の十四世ダライラマの亡命まで続くのである。もっとも十四世が現在もインドのダラムサーラを中心として活動を続けているのは周知のとおりである。

チベットが、いわゆる近代市民社会を形成することのないまま一種の神権政治を今世紀半ばまで続けてきた背景には、もちろん地理的条件がある。たしかに地理的観点からすれば、チベットは近代的な産業を起こすにはあまりに不便な地域といわざるを得ない。だが、チベットおよびその周辺の人々はこの一〇〇〇年以上の間、休みなく何千キロの道程を旅し、商業活動を行い、思想・文化の交換を行ってきた。その結果、チベット仏教の用いられた、あるいは用いられている地域はまことに広大であり、モンゴル・青海省・ブータン・ネパール・かつてのシッキム・北インド・ラダック・旧ソ連の南部に及んでいる。さらにチベットは十九世紀以来、ヨーロッパとも外交上接触する機会を有した。しかし、それらの接触はあまりに部分的であり、チベットが近代国家へと変容する実質的なきっかけとなるようなものではなかった。

一九五九年、チベットに迫ってきたのはヨーロッパ近代の資本主義でもなければ、今世紀のいわゆる「帝国主義」でもなく、さらに新しい史的唯物論を基礎理論とするコミュニズムであった。

ダライラマ体制は、この思想とそれに依拠する国家と正面から対立せねばならなかった。その国は、歴史の中で常に「大きな隣国」でありつづけた国であった。

チベットが当時、あれ以外にどのようにあり得たのかを問うのはわれわれの問題ではない。いずれにせよ、現代的状況の中にすでに入ってしまっているチベット人たちは、自分たちの精神的伝統に関わろうとする場合には、コミュニズムとの対決を避けて通ることはできない。そしてさらに近年のコミュニズムの急激な変質にも対さねばならない。中国や東南アジア諸国においては、東ヨーロッパにおけるほどの急激な変質はここしばらくの間、見られることはないであろう。たとえば、チベット仏教徒の多いネパール山岳地帯では依然として、あるいはますますコミュニズムの勢力が強くなっている。また、たとえ、現在のかたちのコミュニズムが中国や東南アジアにおいて急激に変質することがあったとしても、チベットにダライラマ政権が半世紀以前までのかたちで復活することはないであろう。現代の状況はチベット高原をかつてのように孤立した僧侶の国にはしておかないからだ。

ブータンの密教

ブータン仏教の歴史

中央チベットの北東、ネパールの東にブータンがある。この国の国教は仏教だ。後に見るように、その仏教はチベット仏教の一派のドゥク派を中心としたものであるが、ブータンではこの国特有の文化が育ってきた。

ブータンの宗教

すでに七世紀にはチベットから仏教僧がブータンを訪れ、パロにキチュ・ラカンを建てたと伝えられるが、この寺は今日に至るまで伝統を守りつづけている。八世紀の終わりにインドから来たシンドゥ・ラージャがブムタンの地に小さな王国を建てた。この王国にはチベットにも仏教を将来したパドマサンバヴァが王の要請によって滞在したという。これ以後ブータンの地ではパドマサンバヴァの仏教の系統に属するニンマ派（古派）の勢力が流布したことがあったが、その一部は今日でも残っている。

国教―仏教

十一、二世紀以後には、コン・クンチョク・ゲルポの開いたサキャ派やマルパを祖とするカギュ派の勢力が強くなっていった。特にカギュ派の一分派であるドゥク派が後世、ブータンの「国教」となった。「ドゥク」とはチベット語で雷や竜を意味するが、ブータンの国のことをも言う。「ドゥクパ」とはブータンの人のことだ。ブータンにおいてドゥク派の勢力が定着したのは、一六一六年にこの地に入ったドゥク派のチベット僧シャプドゥン・ガワン・ナムゲル（一五九四〜一六五一）の活躍による。彼は宗教と政治との二面にわたってブータンの制度を定めたのである。今世紀の初頭にはブータンは新しい国家として生まれかわるが、一九〇五年の時点ではかのシャプトゥンの化身はもはや世に認められてはいなかった。とはいえ、今日においてもブータンの「国教」は仏教であり、特にカギュ派の伝統は強く生きている。

ブータンの密教的成就法

仏教の造型

このようにブータンの宗教は、チベット仏教、特にカギュ派の一派であるドゥク派を中心としてきた。もっとも、どの国あるいは地域にも観察されるように、それぞれの地域が古代から持っているいわゆる地方文化の伝統が生きていることを忘れてはならない。チベットから伝えられた仏教の伝統はいわば「大いなる伝統」であり、それぞれの地域には「小さな伝統」とも呼ぶべきものがあって、ブータンの中のそれぞれの地域においてもこれらの二つの伝統が統合や抗争を続けているのである。

ブータンに残る、あるいは今日も産出されている仏教の造型は、その図像学的特徴から見るならば、実にバランスのとれたものだ。仏・菩薩・女尊・護法尊・群小神というような仏教パンテオンの主要なキャテゴリーのすべてにわたって秀れた作例が残っている。仏の持物などの違い、あるいは微妙な様式の差などを問題にしないとすれば、ブータンの仏教造型作品の特質は中央チベットのそれと大きな差異はないように思われる。

マンダラの須弥山図

ブータンのマンダラとしてしばしば紹介されるものに須弥山図《しゅみせんず》がある（図72・73）。この種の図は、ラダック寺院の壁画には描かれていないようだ。少なくともブータンにおけるほどよく知られていない。カトマンドゥ盆地においてもまだ見る機会を得ていない。しかし、チベットにおいて知られていなかったということではない。ブータンにおいて今日見られるのと同種の須弥山図や天体運航図がポタラ宮殿にあるし、また中国においても同種の須弥山図がよく描かれたからだ。

須弥山図が表現する内容は、すでに五世紀の『倶舎論《くしゃろん》』（第三章世間品《せけんぼん》）に述べられ、須弥山図の全体を伝えている。虚空の中に風輪があり、その上に水輪がある。この二つはこの須弥山図には描かれていない。水輪の上層部は金輪《こんりん》となっていて、その金輪の周辺部は鉄囲山《てっちせん》と呼ばれる山脈である。この山脈の中、金輪の上には水があり、海洋となっているが、その中心に須弥山があり、その周囲を七つの山脈と七つの海がとり囲んでいる。それぞれの中間は海である。図の下が南方であり、上方が北である。七つの山脈の北部は、たとえばパロ・ゾンにおけるように描かれてない場合もある。

七つの山脈と鉄囲山の間の海洋には四つの大陸（洲）と島（小洲）が浮かんでいる。南方に台

図72　須弥山図(1)（パロ，ブータン．栗田靖之氏撮影）

図73　須弥山図(2)（パロ，ブータン．栗田靖之氏撮影）

形の瞻部洲《せんぶしゅう》、その両側にチャーマラ、アヴァラ・チャーマラの小洲、西方に円形の瞿陀尼洲《くだにしゅう》、その両側にシャータ、ウッタラマントリンの小洲、北方に四角形の倶盧洲《くるしゅう》、その両側にクル、カウラヴァの小洲、そして東方に半円形の勝身洲《しょうしんしゅう》、その両側にデーハ、ヴィデーハの小洲が描かれている。これらの大陸には人間や動物が住み、南方の瞻部洲のかたちは逆台形でインド大陸のそれに似ている。またこの大陸がわれわれの世界であると『倶舎論』は言う。人間の住む地表の下には地獄がある。地上と地獄の中間に餓鬼が住む。

　須弥山の下半分には四天王とその眷属《けんぞく》が住み、その頂上には帝釈天をはじめとする三十三天が住む。四天王の世界と三十三天は地上にあるので、彼らは地居天《じごてん》と呼ばれる。この上方の空中には、夜摩《やま》天、兜率《とそつ》天、楽変化《らくへんげ》天、他化自在《たけじざい》天の四天が住む。このようにして、地獄・餓鬼の世界、人間などが住む四洲、さらに四天王とその眷属、および三十三天の地居天が描かれている。金輪を示す円に接するようにして空居《くうご》天の世界が上方に延びている。下から四層が先ほど述べた夜摩天から他化自在天までの四天のすみかである。地獄からこの四人の空居天までの世界を欲界（欲望に縛られた者たちの世界）と呼ぶ。

　欲界の上方に色界《しきかい》（欲望の束縛からのがれたが、色・形の束縛からは脱出できないでいる者たちの世界）がいく層もの住処《すみか》で描かれている。さらにその上方に無色界《むしきかい》（欲望および色・形両方の束縛から自由になった者たちの世界）があり、さらにその上に仏の世界がある。

円の中に四角があり、その中に仏や菩薩が整然と並ぶいわゆるマンダラ図は、すでに述べたように、須弥山の頂上および山腹に並ぶ仏たちを上方から見おろした図なのである。「聖なる」世界軸である須弥山の頂上に住む仏たちの姿を見つめて、密教僧たちは自らの心をそこへと投げるのである。

彫像・絵画と成就法

すでに述べたように、古代のヴェーダ祭式や初期仏教の時代には神像や仏像は造られなかった。少なくとも像が儀礼行為や宗教実践において重要な役割を果たすことはなかった。だが後期大乗仏教、特に密教（タントリズム）の時代になると像は供養法などの儀礼や成就法（観想法）などの宗教実践にとっても不可欠なものとなった。

僧たちは眼前に置かれた仏像あるいはキャンバスに描かれた仏たちの絵を見つめてその図像学的特徴を覚える。目を閉じると、仏や菩薩たちの姿があたかも実在するもののそれであるかのように見えてくる。その姿を保ちながら、しだいにそのすがたを大きくして、自分の身体に近づける。リアルなものとなった仏は、「自分」つまり密教僧の背中を切り裂きながら「自分の身体の中に」おし入ってくる。あるいは、密教僧は眼前に現れた仏の身体を小さな丸い粒にまとめて自分の口の中に息とともに吸い込む。このようにして仏は瞑想を続ける僧の中に「居る」ことになる。「僧の中に居る」というよりも、僧は自分が仏だと思いとる、というべきであろう。

密教の仏や菩薩の彫像や絵画は、仏や菩薩の図像学的特徴をかたちに表現したにすぎないということはできない。彫像や絵画自体が霊的な力を有しているといっているのではない。そうではなくて、仏や菩薩の彫像や絵画は、密教僧にとっては仏や菩薩と一体であると思いとる体験をするための道具である面を忘れてはならないと思われるのである。

今世紀中ごろまではブータンのみならずインド・チベット・ネパールにおいて、タントリズムの行法の一つとして成就法（サーダナ、観想法）が盛んに実践されていた。この場合の成就とはいわゆる超能力あるいはそれを得ることをいう。人の将来を予言したり、病気を気（プラーナ）の力によって治療したり、空中に浮かんでみたりという能力は、タントリズムの興隆する以前からヨーガの行法の副次的な結果と考えられてきた。

後世、成就法は神などの姿をあたかもその神が実在するかのように眼前に見る行法を特に意味するようになった。現れた神に対して、実践者がたんに礼拝するのみの場合もあれば、神と実践者とが一体化する場合もある。さらには、その神から何らかの力を得て占いや病気治療を行うこともあるが、ともかくも眼前に神の姿を見るということが成就法の核となっている。これは「自己空間」における精神生理学的な変容を計画的・反復的に引き起こしながら「聖なるもの」の姿で自己の中を満たす行為なのである。カギュ派は、論理学や認識の知的体系を構築することよりも成就法などの密教的行法により多くのエネルギーを費やした学派であり、カギュ派の勢力の強い地域では成就法が盛んに実践されるのである。

無上ヨーガ・タントラの時代となると、成就法（観想法）の構造は「約束の存在」（サマヤ・サットヴァ）と「知の存在」（ジュニャーナ・サットヴァ）と呼ばれる二つの要素によって語られるようになった。前者は観想する仏などの姿をあらかじめ行者の方で思い浮かべたイメージであり、後者は前者のイメージに似てはいるが行者の外部から行者の心の中へと「入りこん」でくるものである。この両者が重ね合わされたとき、観想法が成就し、行者はヴィジョンを見ることができるのである。

知の存在は行者に「入りこむ」（ā-viṣ）といわれるが、この語は霊的なものが人間に「とりつく」という意味にも用いられる。霊が人に「とりつく」状態つまり憑依《ひょうい》（ポゼッション）とマンダラ観想法とは厳密に区別されてきたし、されねばならぬであろう。だが、密教の観想法、特に無上ヨーガのそれにあっては憑依的な現象とまったく無関係とも思われない。成就法（観想法）が一種の憑依であるというのではなくて、この両者が人間のより深い心性のレベルにおいてつながっているように思われるのである。空性もその人間の心性の深奥においてヴィジョンを生む力すなわち観想法とつながっているにちがいない。

中国の密教

中国仏教の時代区分

中国仏教の四区分

仏教密教は中国の地にも伝播された。中国における仏教密教は、唐以前に西域地方などから将来されたものの基礎の上に、唐時代にインドから伝えられたものが加わって成熟期を迎えたが、次の宋の時代にはこの伝統の密教（漢密・唐密）はほとんどその活動を終えている。

元以降の王朝、特に元と清は密教の色彩の濃いチベット仏教を庇護した。中国仏教史におけるチベット仏教の位置に関しては現在定まった見解があるわけではない。しかし、今日に残る建造物や文物――たとえば、北京の紫禁城《しきんじょう》におけるチベット仏教関連の文物、紫禁城の北方にあるパンチェンラマの住房黄寺《こうじ》、紫禁城の東方にあるチベット仏教寺院雍和宮《ようわきゅう》、青海省のチベット仏教寺院クンブム寺――から判断して、数世紀にわたる中国におけるチベット仏教の位置は無視できないと思われる。だが、中国仏教史におけるチベット仏教——しばしば喇嘛《ラマ》教《きょう》と呼ばれる——の位置は従来ほとんど問題にされてこなかった。

ここで「喇嘛教」という名称について触れておきたい。「喇嘛」とはチベット語ラマ（bla ma）の音写であり、師、先生を意味する。チベット仏教において師の重要性が強調されるので「師中心主義」という意味で「喇嘛教」（Lamaism）と呼ばれるのであるが、この呼び方は近代に入ってからのものだ。チベット人自身は「喇嘛教」あるいは「ラマイズム」という名称を用いることを嫌う。というのは、そのような呼び方はチベット仏教が仏教の正当な流れからはずれたものであるかのような印象を与えるからだ。事実、日本における中国仏教の研究者たちの間にも、「仏教」の意味の中に喇嘛教を含めていない人もいる。今後は、「喇嘛教」という名称を用いることをやめて、「チベット仏教」あるいは「チベット系仏教」と呼ぶべきであろう。チベット仏教がインド・ネパールの大乗仏教の伝統を忠実に伝えていることは、今日では誰の眼にも明らかなのである。

中国における仏教密教は当然、中国仏教史全体の中に位置づけられねばならない。中国仏教史は次の四期に分けられる。

第一期　受容の時代——後漢（紀元二五〜二二〇年）から西晋（紀元二六五〜三一六年）まで。

第二期　定着の時代——五胡十六国（紀元三一六〜四三九年）から南北朝（紀元四二〇〜五八一

年）まで。

第三期　成熟の時代――隋唐時代（紀元五八一～九〇七年）。

第四期　民衆浸透の時代――宋朝（紀元九六〇～一二七九年）以降の時代。

（この時代区分に関しては、鎌田茂雄『中国仏教史』〈岩波書店、一九七八年〉を参考にした。）

以上の四期それぞれにつき密教の側面に留意しながらごく簡単に見てみよう。

受容の時代　中国に仏教が伝えられたのは意外に古い。ネパールやチベットに仏教が本格的に伝えられるのは、七世紀以降のことであるが、中国にはすでに紀元一世紀には仏教が伝来していることを歴史書で確かめることができる。もっとも中国の西隣りの西域地方にはインドのマウリア朝（紀元前三二一～一八八年）の時代に仏教が伝えられていた。

前漢の武帝（紀元前一四一年即位）が西域地方に進出したのをきっかけに、中国には西域地方から外国の人間や文物が多くもたらされるようになった。紀元二世紀には西域地方から仏教僧がつぎつぎと訪れ、仏典の中国語訳（漢訳）にたずさわった。

このように第一期は西域地方出身者を通じて仏教が伝来し、中国人がそれを受容した時代といえよう。密教の関係で興味深いのは、すでに三世紀前半に『華積陀羅尼神呪経《かしやくだらにしんじゆきよう》』などの密教的呪文を含んだ経典が、月氏《げつし》系の帰化人の子孫によって訳されていることである。

定着の時代

仏教が中国の社会一般に宗教として流布したのは四世紀後半以降である。仏図澄《ぶっとちょう》（？～三四八）や鳩摩羅什《くまらじゅう》（三四四～四一三）が、西域から来て仏典の翻訳を精力的に行ったが、法顕《ほっけん》（三三九？～四二〇？）などのように直接インドあるいは西域に出かける者も現れた。北魏の文成帝（在位四五二～四六五年）以来、三五年を費やした雲崗《うんこう》の石仏、北魏の孝文帝の竜門石窟などのような国家的造営事業が仏教の名のもとに行われるようになったのもこの時期である。

ところで、一般社会の中に仏教が定着していった際、人々が仏教の中に求めたものは呪術的な機能であった。除災、病気治癒、怨霊払いといった現世利益《げんぜりやく》の側面がまず人々の心を引きつけたといって過言ではないであろう。仏教はすでに中国にあった道教・陰陽道《おんみようどう》・神仙道などと結びつきながら、中国社会の中に定着していったのである。したがって、仏教僧にも道教の道士が持つような霊能力が期待されたのであるが、先ほど述べた仏図澄をはじめ外国から来た仏教僧の多くが霊能力を備えていたと伝えられている。

またこの第二期には、涅槃《ねはん》学派（『涅槃経』を研究する学派）、成実《じようじつ》学派（『成実論』を研究する学派）、地論《じろん》学派（『十地経論』を研究する学派）などの諸学派が発展し、禅や浄土教が成立しているのが注目される。

成熟の時代

隋唐の時代に中国仏教は開花する。仏教密教が最も盛んになるのもこの時期である。隋の時代には、三論《さんろん》宗や天台宗が発展し、唐の時代には法相《ほっそう》・華厳《けごん》・律・禅・浄土さらに密教が勢力を得た。これらの学派のうち、特に天台と華厳が重要だ。というのは、天台大師智顗《ちぎ》が完成させた天台教学と玄首《げんじゅ》大師法蔵《ほうぞう》が築いた華厳教学こそ中国人の思惟による仏教思想の体系なのである。この二つの思想の根本は呪術的行法や現世利益にあるのではなく、仏教が本来求めてきた悟りにある。このことは天台と華厳にかぎったことではなく、他の諸派の究極的な目的も悟りあるいは輪廻《りんね》よりの解脱にあった。唐時代の仏教密教も、それ以前の仏教密教とは大きく異なっていた。それは、インドにおける仏教密教の変質を迅速に反映したからである。紀元七世紀ごろにインドの仏教密教は、それまでの呪術的密教から宗教的悟りの感得を目指す宗教へと転換したのであるが、唐時代の仏教密教はその転換後の密教であった。九世紀の初頭に弘法大師空海が日本に伝えたのもこの転換後の密教であった。

またこの第三期には、律宗の道宣《どうせん》、浄土教の善導《ぜんどう》、禅宗の慧能《えのう》など仏教の各方面にわたって優秀な仏教者が輩出した。

民衆浸透の時代

この時期の仏教は、第三期に見られるような創造的エネルギーはないが、一方で、民間の信仰や習俗の中に道教・陰陽道・神仙道と混交しながら民衆の中に浸透していった。いささか乱暴な比較をするならば、「創造的」であった鎌倉仏教の後の時代の日本仏教が教理的にはそれほど見るべきものを持たなかったが、社会の中にはより広く深く浸透していったのに似ているといえよう。

元朝と清朝の皇帝がチベット仏教を重視したことはすでに述べたが、このチベット仏教が第四期における中国人社会の中でどれほどの機能を有していたかについての解明はこれからの問題であろう。チベット自治区は別として、青海省・四川省などにも、チベット族（蔵《ぞう》族）がいく世紀も以前から住んでおり、現在、チベット仏教あるいはその影響を受けた少数民族の宗教儀礼が生きつづけているのである。

唐の密教

『大日経』

七世紀以降、インド仏教密教が呪術によって現世利益《げんぜりやく》を求めるタイプから悟りあるいは成仏を求めるタイプのものへと転換したこと、少なくとも後者のタイプが重視されるようになったことはすでに述べた。この新しいタイプの仏教密教は、『大日経《だいにちきょう》』（七世紀）や『金剛頂経《こんごうちょうきょう》』（七世紀後半）に代表されるのであるが、中国には二人の人物によってもたらされた。二人とは、『大日経』系の密教を伝えた善無畏《ぜんむい》（シュバカラシンハ。六三七〜七三五）と『金剛頂経』系の密教を伝えた金剛智《こんごうち》（七四一年没）である。

すでに述べたように（「タントリズムの歴史的背景」「タントリズムの世界観」）、『大日経』は「行《ぎょう》タントラ経典」と呼ばれるグループに属し、主としてそれ以前に編纂された「作《さ》タントラ経典」が供養法などの儀礼の細目を扱っていたのに較べて、仏となること（成仏）を達成するための実践法を主内容としている。『大日経』とは『大毘盧遮那成仏神変加持経《だいびるしゃなじょうぶつじんべんかじきょう》』の省略形であり、この長いタイトルは、「マハーヴァイローチャナ（如来）の（達成した）究極的悟り（正等覚）によって奇跡であるかのようになされた『力の附与』（加持）に関する広大な経」を意味する。ようするに、マハーヴァイローチャナ（大毘盧遮那《びるしゃな》、大日）が仏となって人間に聖なる力を与えることを述べた経典ということである。

『大日経』のサンスクリット原典は、引用された断片を除けば発見されていないが、漢訳とチベット訳が一本ずつ残されている。その漢訳は善無畏が彼の弟子一行《いちぎょう》（六八三～七二七）たちの協力を得て七二四年ごろに完成させたものである。その翻訳に際して善無畏が行った講義を編集しまとめたものが『大日経疏』二十巻である。中国・日本における伝統的な『大日経』の研究はほとんどこの『大日経疏』に基づいて行われてきた。

『大日経』特に第二章「具縁品《ぐえんぽん》」はマンダラの描き方を詳細に説明している。土地を選び、その土地にある石や骨をとり除き、土地神への供養をなし、牛糞で浄めた地面に師と弟子とが墨打ちをしてマンダラの枠組を示し、その上に色の付いた粉あるいは砂でマンダラに登場する仏や菩薩たちを描くのである。土地を選んでからマンダラを描き終わるまでは約六日かかり、マンダラの尊格は最後の晩に描くことになっている。『大日経』に述べられるマンダラは、一辺二メートル余の四角形であったろうと経の文面から推測される。一二〇あまりの尊格を粉あるいは砂を上からわずかずつ落としながら一晩で描くのであるから、実際に地面に描かれたマンダラ図は美術的価値のあったものとは考えられない。そして、儀礼の後、マンダラは消し去られたのである。というよりも、花、水、動きまわる師や弟子の足によって儀礼の終わったころには地面に描かれたマンダラは原形をとどめていなかったはずである。

自分たちが描いたマンダラの中に入って、師は弟子に対して入門儀礼を行う。そもそもマンダラは瞑想のための補助手段としても用いられるが、弟子に対して入門儀礼を行うための装置でもある。少なくとも『大日経』第二章で作成方法が説明されるマンダラは、弟子の入門儀礼のためのものである。

『大日経』に基づくマンダラは「胎蔵マンダラ」、詳しくは「大悲胎生《だいひたいしょう》マンダラ」と呼ばれる。この意味は、大いなる悲（人の苦しみをとり除くこと）にほかならない「胎の蔵」（子宮）からの出生と名づけられたマンダラということと考えられる。大いなる悲とはここでは大日如来の悲あるいは大日如来そのものを指すのであろう。

『大日経』が述べる行法の代表的なものに五字厳身観《ごじごんじんかん》がある。これは地水火風空の五輪に相当するア・ヴァ・ラ・ハ・カの五字を行者が自らの身体の五ヵ所に布置する行法である。地水火風空すなわち五大（元素）はつまるところ世界であるが、その五元素を身体の各所に布置することは、世界と行者の身体とが相同（ホモロジー）の関係にあると考えられていたことを意味している。「タントリズムの世界観」の「マンダラとその構造」において、密教にあっては身体もマンダラと考えられる、と述べたが、身体と世界は相同関係にあり、身体は、そして当然、世界もマンダラであり、マンダラは大悲にほかならない大日如来より生まれたものであるというのが、『大日経』の基本的思想である。

ただ留意すべきは『大日経』における大日如来の性格である。「大日如来より生まれた」という場合の大日如来は、現象世界から超絶した恒常不変の創造者ではない。あくまで現象世界に内在する神格であり、「生む」如来と「生まれた」世界とは隔絶した二者ではないのである。恒常不変の実体と考えられた仏（本初仏）も仏教密教の歴史の中では登場した。しかし、『大日経』に説かれ、空海の思想の根幹となった大日如来はそのような現象を超えたところに実在する神ではなかった。

『金剛頂経』

『大日経』と並ぶ唐の仏教密教のもう一方の柱は『金剛頂経』である。『金剛頂経』とは伝統的には一つの経典ではなく、「十八の場所で説かれた」経典の集成といわれてきた。「十八の場所（十八会《じゅうはって》）」とはそれぞれの経典の中で想定された説法の場所のことであるが、現実の土地と対応してはおらず、また現在、それら一八ヵ所で説法された経典の集成が残されているわけでもない。ようするに、『金剛頂経』とはかなりの期間をかけておそらくは八世紀から九世紀にかけて発展してきた経典の一つのグループであるといえよう。

かの「十八会」のうちの初会の説法が『真実摂経《しんじつしょうきょう》』であると考えられており、現在残っている『金剛頂経』のグループの中ではもっとも主要なものである。したがって、たんに『金剛頂経』といって『真実摂経』を指すこともある。

先に述べたように『金剛頂経』系の密教――正確には『真実摂経』の密教――を中国語に訳し、中国における仏教密教の基礎を築いたのはインド僧金剛智《こんごうち》であった。彼は七一九年に西京の長安に着き、唐の皇帝の命を受けてすぐ活動を始めている。密教の法を授ける儀式である灌頂《かんじょう》を入門した弟子たちに行ったが、善無畏の弟子でもあった一行およびインド系の僧不空《ふくう》もすぐさま金剛智の弟子となった。翌年七二〇年に金剛智は洛陽に入っている。

唐の王室に手厚く迎えられた金剛智は洛陽と長安の間を往復しながら、仏典翻訳や弟子の育成にあたる。彼が訳出した『真実摂経』は『金剛頂瑜伽中略出念誦経《こんごうちょうゆがちゅうりゃくしゅつねんじゅきょう》』と名づけられているが、これはまだ発展途中のものであった。より整備されたかたちの『真実摂経』は弟子の不空によって後に訳された。最終的発展段階に至った「完成された」『真実摂経』は、さらに後の施護によって訳されたのである。「完成された」『真実摂経』のサンスクリット原典およびチベット語訳は残されており、現在われわれは『真実摂経』の内容をかなり正確に理解できる立場にいる。

とはいえ、『真実摂経』が何を伝えようとしているのか理解するのは難しい。第一に、『真実摂経』の主内容であるマンダラ、すなわち金剛界マンダラは実に多種類である。二十数種にも及ぶ金剛界系マンダラが何のために必要なのか、その意図は明らかになっていない。どのような場合にどのような状況でどんなマンダラを用いる儀礼を行ったのかも、時代や状況の異なるわれわれには簡単には理解できない。マンダラがどのような儀礼においてどのような状況で用いられていたのか、さらにはマンダラが瞑想法（観想法）において用いられるとき行者はどのような精神生理学的状態に導かれるかは今後の研究にまたねばならない。

ところで、『真実摂経』（『金剛頂経』）に基づく金剛界マンダラは、『大日経』に基づく胎蔵マンダラとその構造や発想はかなり異なるものであり、時期的にわずかに後の金剛界マンダラが胎蔵マンダラの直接的な発展形態というわけではない。『真実摂経』は『大日経』とは仏教密教の中で異なる系統に属すと考えられる。『大日経』のマンダラにはヒンドゥー教の神々が数多く登場するなどヒンドゥー教の影響が強く見られるが、『真実摂経』のマンダラでは多くのヒンドゥー教の神々が登場することはない。金剛界マンダラでは上下左右の対照性が重視されるが、胎蔵マンダラでは金剛界におけるほどは重視されていない。『大日経』では先に述べたように世界と行者の相同性が重視されるが、『真実摂経』においては各尊格を行者がどのように観想するかに重点が置かれており、大宇宙（世界）と小宇宙（行者の身体あるいは行者の心）に相同性（あるいは本来的同一性）は少なくとも表面には出てこない。

『真実摂経』第一章（品）によれば、行者はまだ完全な悟りを得ていない大日如来となってすでに完全な悟りを得た一切如来たち（阿閦《あしゅく》、宝生《ほうしょう》、阿弥陀、不空《ふくう》に代表される）の眼前で観想法というかたちの修行を行う。その場合の観想法とは、瞑想すべきそれぞれの尊格（仏や菩薩）が持つシンボル（持物）に精神集中し、行者の手にそのシンボルがあたかも実際に存在するかのように感じられるようになるまで心を凝らすことである。そして、行者は自身の手にあったシンボルを「一切如来の前や左右に」置くと、かのシンボルは仏や菩薩のすがたを採って現れ、一切如来の周囲に立つのである。

　このような作業を金剛界マンダラ三十数尊に対して行うとおのずと金剛界マンダラが完成している、というのが『真実摂経』の観想法である。もっとも『真実摂経』の中で金剛界マンダラを絵図に描く際の諸尊の配置が述べられてはいるが、それは金剛界マンダラ全体の概念図のメモとして述べられているにすぎず、観想法の実際ではそれぞれの尊格がマンダラ図のどこに位置するかはほとんど問題になっていない。行者は手の中にあるシンボルのイメージを実在のものであるかのように感じられるまで「凝ら」すので精一杯なのだ。

　このようにして三十数尊の仏・菩薩たちが立ち並び終るとマンダラの中心にいた行者つまり大日如来は完全な仏となり、一切如来と同じ資格を得る。大日如来は自分の周囲に立ち並ぶ仏たちをも自らの中に含んだ存在となるのである。以上が『真実摂経』に述べられた観想法のあらましであるが、この行法が唐の時代に中国においてどのように実践されていたのかは今日わかっていない。中国においてもこの伝統はとぎれていると思われる。

空海の師恵果

唐の仏教密教の基礎は、善無畏と金剛智という二人の外国人によって築かれた。この両者はともに唐の王室に迎えられたのであるが、両者には密接な交わりはなかったようである。善無畏とともに『大日経』を訳出した一行は、天文学にも優れた業績を残しているが、四十五歳で没したこともあり、自身の密教学を大成することはできなかった。

中国の仏教密教を完成させたのは、金剛智の弟子不空《ふくう》（不空金剛、アモーガヴァジュラ、七〇五?～七七四）である。彼はインド系の帰化人の子孫といわれる。十三歳で長安に入り、その後約五十年余を中国で生きた。四十歳前後でインドへ旅行をし、サンスクリットの経典を持ち帰っている。師金剛智が訳した『真実摂経』よりも一段と整備されたかたちの『真実摂経』を訳出したことはすでに述べたが、他にも密教経典を数多く訳している。彼は唐の朝廷に重んじられ、当時宮廷内で権力を得ていた宦官《かんがん》や軍人たちとの親交もあった。不空が仏教を護国思想と深く結びつけようとしていたことは忘れてはならない。

不空の没後、その後継者となったのは恵朗《けいろう》といわれるが、不空の死後、数年で没したようだ。その後の唐の仏教密教にはそれ以前ほどの活力はなかったと思われる。

日本の密教史の観点からは恵果《けいか》（七四六～八〇六）が重要だ。彼が空海に密教の法を伝授したからであるが、日本の真言密教では不空を継いだ恵果が第七祖とされている。恵果と朝廷との結びつきは深く、不空と同様に仏教的護国思想の持ち主であった。

『大日経』と『金剛頂経』（『真実摂経』）とが元来は仏教密教の中では二つの異なった伝統であったことはすでに述べたが、恵果の時代にはこの二つの伝統を一つの統一体の両側面であり、不二であると考えられていたようだ。このような考え方を定着させたのが恵果自身であったか否かは不明であるが、恵果が二つの伝統を受けていたことは事実だ。

空海は死直前の恵果に会って、胎蔵と金剛界の法の両者を受けて帰国した。空海はかの二つの伝統を別個のものと考えたわけではなく、彼の教学の二つの柱であり本来は不二のものと位置づけている。その考え方は恵果から伝えられたものであろう。

空海の留学の後も円仁《えんにん》・円珍《えんちん》などは中国において仏教密教を学んで帰国している。したがって、九世紀中葉はまだ中国の仏教密教の勢力は盛んであったと考えられるが、唐王朝が衰退するとともに仏教密教の勢いも弱くなっていった。

中国の仏教密教は一行の『大日経疏』を生んだけれども、天台や華厳のような中国人の思惟による教学を築きあげることもなく、宋以降、禅宗のように人々の中に広く生きつづけることはなかった。仏教の護国思想を宋と明とは必要とせず、元と清の朝廷はチベット系仏教を用いた。一方、仏教僧の有した超能力（霊能力）は、仏教の「伝来の時代」以来、中国人の間で重視されてきたのであり、密教僧の場合にかぎられたことではなかった。いわゆる超能力による現世利益追求は、道教・陰陽道・神仙道などの行法を通じて中国では古代から行われてきたのであり、仏教密教の行法もそうした現世利益追求の流れの中の一面としても捉えられる必要があろう。そして、現世利益的追求ではなく、悟りを求める仏教密教の側面の伝統が中国人社会において失われてしまったことも忘れてはならない。

チベット仏教は別にして、中国の仏教密教（漢密・唐密）は長安や洛陽を中心として栄えたのみではない。中国の南方、現在のミャンマーの東、ラオスの地に大理国《だいりこく》が十世紀末から十三世紀の中葉（九三七〜一二五三年）にかけてあった。この国では密教の色彩の濃い仏教が存在したと推測される。サンスクリットの碑文も今日数多く残されており、この国の仏教が北中国からのみ伝えられたのではない可能性を窺わせる。この国で編纂された『法界源流図《ほっかいげんりゅうず》』には明らかに仏教密教に属する尊格が描かれるとともに密教経典と見なされている『般若心経』のサンスクリット・テキストが収められている。唐が亡んだ後も「南中国」で仏教密教が残っていたことは確かなのであるが、それがどのようなものであったかについては今後の研究にまたねばならない。

また中国の伝統的密教（漢密・唐密）とチベット仏教（蔵密）とが混じったかたちの仏教が西夏《せいか》（一〇三八〜一二二七年）にあった。この国は亡んでしまってはいるが、今日に残る文献や彫像などによってこの二つの伝統がある程度とけ合ったものであることがわかる。いわゆる漢密と蔵密とが歴史的にどのように交渉し、融合したかも今後明らかにされるべきことだ。

日本の密教

空海以前の密教

仏教の導入

日本に仏教が導入されたのは六世紀の初めであるが、当時日本にはすでに民間信仰が広まっており、大陸から将来された仏教はこの民間信仰と対立・抗争せねばならなかった。それは西域地方からもたらされた仏教が中国において従来からあった老荘思想、神仙道などと競い合わねばならなかったことと似ている。またチベットに大乗仏教が導入されたとき土着の宗教であるポン教（ボン教）との抗争があったこととも似ている。

しかし、日本の仏教はそれ以外の宗教的伝統との対立・抗争よりも調和・混交の道を選んだ。その結果、山岳宗教と密接に結びついたり、本地垂迹説《ほんじすいじゃくせつ》（本体としての仏がその姿を神として現すという説）に基づいて神道と混交したりした。このような他宗教との密接な結びつきや混交は浄土教や禅宗においても見られたが、特に密教において顕著に見られた。それは当然のことであった。というのは、密教自体がそもそも複数の宗教的伝統の統合であるからだ。

日本の仏教密教は空海（七七四〜八三五）から始まるという考え方もあるが、それは正しくない。空海以前に日本には密教が導入されていたからだ。空海以前にも日本にはかなりの数の密教経典が将来され、それらの経典の伝える行法や儀式も行われていたのである。空海が入唐《にっとう》する以前に、日本には『大日経』の漢訳が伝えられていたとさえいわれる。

雑密と純密

空海が唐より帰国する以前に日本に伝えられていた密教は、今述べた『大日経』は別として、おおむね呪術的儀礼を主内容としたものであるのに較べて、空海が唐よりもたらした密教は成仏あるいは悟りを主目的とするものである、というのが日本における密教史の一般的理解である。空海より前の密教を「雑密《ぞうみつ》」、空海以後の密教を「純密《じゅんみつ》」と呼んで日本の密教史を二種に区別してきた。

空海が師恵果《けいか》から授けられたのは、『大日経』に基づく胎蔵法と『金剛頂経《こんごうちょうぎょう》』（『真実摂経』）に基づく金剛界法を中心とする密教であった。『大日経』と『真実摂経』はインドにおけるタントラ経典の発展史の中では、それぞれ第二段階の行タントラと第三段階のヨーガ・タントラとを代表するものであった。そして、日本の真言密教の伝統的ないい方によれば、インドのタントラの第二段階と第三段階——正確にはその初期的なもの——が純密にあたり、第一段階である作タントラが雑密にあたることになる。ちなみに、日本には第三段階の後半の発展段階のものや、第四段階無上ヨーガ・タントラの実践形態はほとんど伝えられなかった。

仏教タントリズムが確立するのは第二段階行タントラの『大日経』においてであった。「確立された」とは、成仏あるいは悟りの獲得がその密教的伝統の主目的となったという意味である。仏教は本来成仏をめざす宗教であるゆえに、仏教密教を「雑密」と「純密」に分けるという考え方には十分な根拠がある、と思われる。しかし一方では、この日本の密教の二分法には落とし穴があるようにも思われるのである。

いささかいいがかりめいた言い分であるとは思うけれども、仏教が本来、成仏を求めたものであるならば、純密でなくとも当然求め得た。純密とは、密教的方法によって成仏を求める方法であるゆえに、非密教（顕教《けんぎょう》）の方法とは異なった方法によって成仏を求めた宗教形態であるはずだ。その非顕教的方法とは何か。それこそ「雑密」と呼ばれる経典の時代から綿々と伝えられてきたある種の宗教的伝統であり、その宗教的伝統とは人間が古来から持ち続けてきた広い意味でのシャーマニスティックな身体技法を中核にしたものだったのではなかろうか。

たしかにいわゆる「雑密」経典に述べられる行法と、「純密」経典に述べられる行法には質的差異があるかもしれない。仏教がその当初から求めた成仏を「雑密」経典に述べられた供養法や護摩《ごま》によって求めることはできないであろう。そして、『大日経』や『金剛頂経』などの「純密」経典には、「雑密」経典には述べられていないヨーガの行法や観想法が説明されている。それは否定しようのない事実である。

にもかかわらず、わたしには何か腑に落ちないものがある。というのは、「雑密」の行法と「純密」の行法にそれほどの質的差異が存在するとは思えないのである。いわゆる「雑密」経典──その実践者も含めて──も、「純密」経典とほとんど質的には変わらない何ものかを持っていたと考えることはできないのであろうか。『大日経』や『金剛頂経』が成立したと考えられる七世紀ごろに突如として密教の本質が変わったとは考えられない。このような考え方をわたしに示唆したのは、空海が入唐以前に実践したという虚空蔵菩薩求聞持法《こくうぞうぼさつぐもんじほう》である。

空海の密教

四国の讃岐多度郡に生まれた空海は、一説には十五歳で入京した、といわれるが、十八歳ごろには大学に入学して漢籍や仏典を学んでいる。十八、九歳のころに一沙門《しゃもん》から「虚空蔵求聞持法《こくうぞうぐもんじほう》」を伝授され、その後、阿波国大滝嶽や土佐国室戸崎でこの行法を実習したという。空海自身がこの行法を修した結果を「明星来影す」と述べている。明星は虚空蔵菩薩のシンボルといわれており、明星の「気」は頭頂より入り、口から出て、足もとからふたたび入るという。この「気」の循環を感じながら、行者は虚空蔵菩薩と一体となるのである。

虚空蔵求聞持法

このように空海は、虚空蔵求聞持法によって密教体験を得たと語っており、空海が自らの体験について語っているのは他にはほとんど見られない。もっとも語っていない、あるいは語っている文献が残っていないからといって、空海にいわゆる神秘体験がないことにはならない。しかし、この虚空蔵求聞持法による体験は空海の宗教体験の中でもかなり重要なものであったと考えられる。空海は唐に渡ってそれまで日本には伝えられていなかった密教の法を伝授されたのであるが、彼自身の宗教的感得あるいは身体技法についてはほとんど何の記録も残っていない。空海には入唐以前の虚空蔵求聞持法を修した際の体験のみがあったということではなく、入唐以前に彼がすでに「密教的」体験を得ていたことが重要だ。入唐以前の彼の宗教体験が唐における留学によってより深いものとなったことはあろう。しかし、宗教体験は知識の伝授によってより深くなる性質のものではなく、灌頂《かんじょう》などの儀礼を行ってもらったからといって得られるものでもない。

空海が入唐以前、日本において接し得た密教経典およびその実践形態は「雑密」に属するわけであるから、当然、虚空蔵求聞持法も「雑密」ということになる。空海が誰からどのようにしてこの行法を伝授されたのかは明らかではない。しかし、密教行者としての空海の「力」は入唐以前にすでに備わっていたと考えることはできないであろうか。

虚空蔵求聞持法は記憶術の一種といわれる。『大正新脩大蔵経《たいしょうしんしゅうだいぞうきょう》』に残されているこの法のテキストは約一ページ半ほどのものであるが、それを見るかぎり、この行法は明らかに虚空蔵菩薩を眼前にあたかも実在するものであるかのように出現せしめる行法、つまり観想法（成就法、サーダナ）である。この漢訳テキストの最後に「これは『金剛頂経』より抽出したものである」という意味のことが書かれているが、現存する『金剛頂経』すなわち『真実摂経』にはそれに相応する箇所は見当らない。だが、漢訳されたテキストから判断するかぎり、この虚空蔵求聞持法はかなり発達した観想法であって、『真実摂経』に述べられた観想法とそれほど内容的に違わない行法が述べられているのである。

虚空蔵求聞持法の成立年代を云々しているのではない。空海が唐に渡る以前に「純密」に近い経典が、すでに日本にもたらされていたことを強調しているのでもない。密教行者の密教行者たるゆえんは、「純密」経典に接したか否かではなくて、特定の身体技法（行法）によって知識ではない「力」が備わっているか否かである。空海はたんに虚空蔵求聞持法のテキストを見せられて、それを修行する気になったのではないとわたしは思う。その行法を空海に伝えた沙門の身体から、空海は何ものかを感じたにちがいない。密教においては特に師の存在が重要といわれるが、その師の重要性はテキストを見せたり、儀式の次第をより詳しく知っているがゆえではなく、師自らが自らの身体によって「力」を弟子に感じさせるからだ。それはシャーマンが弟子のシャーマンを、あるいは巫女が弟子の巫女を自らの「力」を感じさせて育成するのと似ている、というよりも、シャーマンが持つ「力」と同じような「力」を成仏を求める型の宗教と結びつけたのが密教なのではなかろうか。

インド・ネパール・チベットなどで実習された観想法は一種のヨーガではあるが、シャーマニズムの要素を取り入れながら発達したのだとわたしは考えている。日本や中国においてもインドの観想法に近いものは、古来から存在していた。憑依《ひょうい》状態あるいはそれに近い状態で神を見る行法は、日本古来の山岳宗教あるいは「神道」的行法が有していた。したがって、空海に虚空蔵求聞持法を伝えた沙門がたとえインドより直接伝えられた伝統を受けていなくとも、その沙門はその観想法がどのようなものなのか身体で理解できたと思われる。空海もまた、古代から人間が有してきたシャーマニスティックな感覚によって観想法の何たるかを理解したのではなかろうか。

話を「雑密」と「純密」に戻そう。すでに繰り返し述べてきたように、『大日経』や『金剛頂経』などの「純密」経典において、成仏が主目的となった密教的行法が語られるようになったことは事実なのであるが、この二者の区別を大きく考えすぎると、密教の有する行法の特殊性が見えなくなる危険がありはしないか。インド・ネパール・チベットでは「雑密」「純密」という二分法は用いない。たしかにタントラ経典を四あるいは九に分類して、その中に位階を設けてはいるが、日本におけるように前段階のもの――作タントラ――を「雑なるもの」とするような考え方はしない。ネパールやチベットでは、第一段階の作タントラに対しても後のタントラ――無上ヨーガ・タントラ等――の行法を被せて全タントラを一つのシステムへと作りかえようとした。このような動きは日本の仏教密教にはなかった。

入唐以前にすでに空海がある種の宗教体験を深めていたことが事実であったとしても、彼が唐に渡って新しい型の仏教に触れ、その新しい形態の仏教に関する文献や法具を多数もたらしたことの意味は大きい。空海の唐への留学がなかったならば今日の日本の真言宗はなかったかもしれない。

胎蔵と金剛界

空海が唐に渡ったのと同じ船団で日本の天台宗の祖最澄も唐に行き、中国の天台と密教の教法を学んで帰国している。最澄自身の関心の中心は、天台の教学にあったが、最澄の死後、天台宗は密教的要素の導入に務めた。その結果、九世紀中葉以降の日本では空海を祖とし、東寺を拠点とする真言宗の密教（東密《とうみつ》）と、最澄を祖とし、比叡山を拠点とする天台宗の密教（台密《たいみつ》）との二つの密教の流れがあった。天台宗の教学は『法華経』に基づいているが、後世、天台の密教が真言の密教とほとんど同じような内容の教理や実践形態を持ち得たのは、『法華経』自体の中に密教とはいわないまでも、空海などが主張するのと呼応するような思想内容があったからだと思われる。その『法華経』の思想は従来「諸法実相《しょほうじっそう》」と呼ばれてきた。

「中国の密教」ですでに述べたように、空海は師恵果《けいか》より当時中国に伝えられていた二つの代表的タントラ、すなわち『大日経』と『金剛頂経』とに基づいたマンダラとその儀礼形態を授けられ、日本に持ち帰った。歴史的には別個に編纂されたこの二つのマンダラの伝統が空海の教学の二つの支柱となった。二つではあるがこの二つが相まってひとつのマンダラの伝統を表わすと空海は考えた。胎蔵と金剛界が不二であるという考え方は、十二世紀初めの覚鑁《かくばん》によってさらに徹底させせられた。

空海が唐より持ち帰った胎蔵（界）と金剛界の二つのマンダラ（両界曼荼羅《りょうかいまんだら》）の正確なコピーが今日に伝えられている。空海の死後、天台宗の円仁（八四七年帰国）や円珍（八五八年帰国）も唐よりいわゆる両界マンダラ図を持ち帰っているが、彼らが将来したマンダラ図は空海の将来したものとほとんど同じ構図を有している。図74・75は長谷寺に伝わる胎蔵および金剛界マンダラである。この二つに図53に見られるような外周の円輪が見られないのは、九世紀に日本に伝えられたマンダラが古い形を伝えているからであり、今日のチベットやネパールのマンダラに見られる外周の円は十世紀以降の成立と推測される。

図74などに見られる日本の胎蔵マンダラの内容は、『大日経』に基づくといわれているが、『大日経』の中の説明とはかなり異なるものである。一行《いちぎょう》が師善無畏《ぜんむい》の説明をまとめたとされる『大日経疏』の中の叙述ともかなり異なる。今日、日本に伝えられている胎蔵マンダラ（現図、胎蔵界曼荼羅）の構図は、善無畏系の胎蔵マンダラの図像――後世の九世紀中葉、円珍が将来した胎蔵図像と胎蔵旧図様《きゅうずよう》など――を基礎資料として、空海の入唐以前に中国で完成していたと考えられるが、その詳しい成立過程はよくわかっていない。

図75に見られるように、日本に伝えられた金剛界マンダラは、九会《くえ》曼荼羅といわれるように九

図74　胎蔵曼荼羅（長谷寺版，『大正蔵』図像部）

図75　金剛界曼荼羅（長谷寺版，『大正蔵』図像部）

つのマンダラが井桁状に並んでいる。この九つのうち、八つは『金剛頂経』に説かれる二八種のマンダラのうちの八つであり、残りの一つは『般若理趣経』のマンダラである。『金剛頂経』と『般若理趣経』との関係は深い。ところで、九つのマンダラを井桁状に組んだマンダラは、インド・チベット・ネパールにおいて見出すことはできないし、文献的にも跡づけることはできない。『金剛頂経』が成立した七世紀後半から空海が唐を訪れた九世紀初頭までに、おそらくは中国においてできあがったのであろう。

このように、今日の日本に伝えられている胎蔵と金剛界の二つのマンダラがどのようにできあがったのかははっきりしない。中国においてはその成立過程を跡づけるための手がかりがほとんど何も残ってはいないのである。日本においてこの二マンダラはコピーが多く作られ、現在でもこの二つのマンダラ図が描かれている。「マンダラとは胎蔵と金剛界の二つである」と考える日本人も多いほどにこの二つのマンダラはよく知られている。

日本におけるマンダラの使用法

ところで、日本でマンダラはどのように用いられてきたのか。密教の法を授けるときの儀式に用いられてきたことは確かであり、その儀式は今日も行われている。しかし、マンダラには瞑想のための補助手段という機能がある。日本においてマンダラは瞑想の中でどのように用いられてきたのか。

空海には『大日経開題』や『金剛頂経開題』の著作がある。だが、それらの中で空海はマンダラ瞑想法について具体的な手引きをしているわけではない。また『金剛頂経』全体について詳しい注釈を残してもいない。空海が具体的に胎蔵や金剛界のマンダラに並ぶ仏たちの一尊一尊についてどのように観想し、その結果どのような状況あるいは状態が生じたかについては、空海はほとんど語っていない。

わたし自身、真言宗の僧侶でもなく、密教の行法を修するための基礎的行（加行《けぎょう》）も行ってはいないので、マンダラ瞑想（観想）の内容については外部からの観察者として発言できるにすぎないが、空海がマンダラをどのように瞑想したのか、彼の瞑想法はインドやチベットの僧と同じものだったのか否かなどについては、われわれはまだ明確な答えを持ち合わせてはいないのではなかろうか。

空海の世界観

さて、『即身成仏義』に見られるように空海にとってマンダラとは、六大《ろくだい》（地・水・火・風・空の五大〈元素〉と識）が現実世界において採るすがた（相）であった。「六大」という概念は、空海独自のものであろう。少なくともインド・ネパール・チベットではほとんど知られていない。五大という物質的基礎と識という心作用をひとまとめにする概念として空海は用いる。「六大」という名称を用いるか否かは別にして、物質と心作用とを並べてその両者を合わせて新しい名称で呼ぶということはインドでは珍しいことではない。

ともあれ、今のわれわれにとって重要なのは、空海が六大すなわち「物質・心的存在」がマンダラという「聖なるもの」の姿を採ると考えていることだ。地・水・火・風・空という物質とわれわれの心作用・認識がマンダラという姿を採っている、と空海はいう。空海の世界観の最も重要な点はここにある。また、それは密教（タントリズム）がそのはじまり以来、持ちつづけてきた思想でもある。

さらに空海の思想として注目すべきは、マンダラという姿を採っている「六大」（諸法）はとりもなおさず「如来の身体」であることだ（『金剛頂経開題』）。つまり、世界は仏の身体なのである。仏が身体を持つことは人間と仏との宗教的交わりをより一層確実なものとする。

世界がマンダラであり、また仏の身体でもある。このことはわれわれがすでに仏塔のシンボリズムにおいて見たことであった。つまり、仏塔は宇宙卵として世界を意味し、瞑想を続ける仏のすがたを写したものであり、仏・菩薩の龕《がん》とともに立体的なマンダラでもあった。

空海の思想にとってまだ重要なことが残っている。それは法身《ほっしん》（法そのものを身体としている仏）が何者かに説法をさせるのではなくて、自ら直接に法を説いていることだ。法身の説法は『大日経』の説くところではあるが、空海はこの点を特に強調した。それは、「六大」がマンダラの姿を採るとともに如来の身体であるという側面と呼応するものであった。法身は現象の背後に存するのではなくて、現象そのものが法身であり、しかもこの法身は身体を持つのである。

このような思想的立場は、危険を伴う。というのは、たとえば「聖なるもの」と「俗なるもの」は直接無媒介に一致させられるべきではなくて、その間には一定の回路があり、その二つの極の間を「電流」は道筋を沿って流れるべきなのである。そうでなければ、つまり、「聖なるもの」と「俗なるもの」とが無媒介に接した場合には、個人の精神生理学的なパニックあるいは社会的な混乱が起きるであろう。また、一方では、「俗なるもの」（凡夫《ぼんぷ》）はすでに「聖なるもの」（仏）であるゆえに、成仏を目指した実践（修行）が無意味となってしまうのである。

法身は現象の背後に潜み、人々を導くために姿を採った仏（報身《ほうじん》）――たとえば、阿弥陀――が法を説くとか、法が現実的・歴史的な人物において「受肉」した化身《けしん》――たとえば、釈迦――が説法をするといった方法の方が一般には理解しやすい。事実、顕教的立場はそのように主張してきた。

ところが、密教的立場、特に空海はあえて教義学上の危険を犯しても、法身が法を説き、さらに、伝統的には身体あるいはイメージがないはずの法身に「身体がある」と考える。これは、言葉による整合的システムへの挑戦でもある。

しかし、空海は言葉を大切にする。言葉あるいは文字――たとえば、阿《あ》（𑖀）字――こそ世界であるからだ。にもかかわらず、言葉のシステムそのものを破壊しようとする。この態度は、あくまで論理的思考を進めながら論理（言葉）の止滅した空性を目指した。『中論』の著者竜樹のそれに似ている。

竜樹は、しかし、集団的宗教行為としての儀礼という装置を個人的宗教行為としての修行のために用いることを知らなかった。時代とともに、インドの宗教は密教を生み、密教徒たちは古代から人間が持ちつづけてきた儀礼行為とそのシンボリズムを人間の精神的至福（悟り・解脱・救い）獲得のために利用できたのである。儀礼行為とそのシンボリズムを自らのシステムに組み入れることによって、密教は自らがかかえている教義上の危険を回避しようとした。儀礼は行為エネルギーに回路を与えるものであるゆえに、「聖なるもの」——たとえば、法身——と「俗なるもの」——たとえば、現象世界——との理論上の本質的同一性を、密教行者は儀礼という回路の中で体得することが可能となるのである。

儀礼主義と主知主義との戦いは、インドの宗教が古代から持ち続けてきたものであった。仏教密教の歴史においても儀礼主義と主知主義との抗争はある。一般的にいえば、七、八世紀以降、時が経つにつれて仏教密教の中では儀礼主義の側面がますます強大になっていった。

空海は、仏教密教の歴史の中でおそらくは儀礼主義と主知主義とのバランスが適当にとれた時代に出生したと思われる。もう一世紀早くても、もう一世紀遅くとも、真言宗の祖空海はいなかったにちがいない。

タントリズムの歴史に学ぶ――エピローグ

現在われわれが「密教」と呼んでいる宗教形態は、宗教史の中で「後の方」になって成立したものである。密教の経典を代表するタントラというジャンルは、インドにおいてヴェーダ（神々への賛歌集）、ウパニシャッド（宇宙の根本原理に関する哲学書）、プラーナ（叙事詩）の後に続くものとして成立したことはすでに「タントリズムとは何か」で述べた。このことは、タントリズムがそれ以前にひろまっていた形態に対する反動であることと無関係ではない。つまり、タントリズムは仏教とヒンドゥー教がともに精緻な教理体系と秩序だった実践形態を採った後に、それへの反動として成立したものなのである。仏教やヒンドゥー教が成立する以前にすでに、ヴェーダ文献やヴェーダ祭式に対する神話的意義づけを扱うブラーフマナ文献の中に、タントリズムの始まりを見る研究者がいる。しかし、それは宗教史の中での歴史的形態としてのタントリズムと呼び得るものではなく、あくまで萌芽あるいはタントラ的発想というべきものにすぎない。

仏教タントリズムは、初期仏教・部派仏教の時代には成立しなかった。歴史的形態としてのタントリズムは大乗仏教が成立した後、大乗仏教の内部で成立したのである。大乗仏教以前の仏教において後世のタントリズムに典型的な発想やそこで重視された儀礼が見出されることは珍しくはないし、またそれは当然のことであろう。重要なことは、そのような発想や儀礼を有する集団が社会の中でどれほど大きな機能を有するものとして存在したかなのである。

初期仏教タントリズムは、呪術的要素を多分に含んだ儀礼を重視した。それは、それまでの非密教的（顕教《けんぎょう》的）な方法によっては自分たちの求める宗教的「財」を得ることが難しいと人々が判断し、それまでとは異なった方法を用い始めたことを意味している。その新しい方法によって求められた「財」は、従来のものとは微妙に変化していたかもしれない。つまり、従来の仏教がむしろ否定していた呪術的要素を含んだ儀礼によっては成仏・悟りは得られなかったであろうし、初期の密教行者たちもそれはわかっていたであろう。

しかし、『大日経』などにおいて密教の主目的が成仏であると考えられるようになったとき、密教行者たちは自分たちの方法によって得られた宗教的「財」、すなわち成仏・悟りが従来の非密教的方法によって得られた「財」と異なったもの、あるいは劣ったものと考えたことはないであろう。密教の方法が顕教の方法と異なったものであることは充分意識していたとしても。

これは密教が有している宗教実践の方法が、顕教とは本質的に異なった要素を持っていることを示している。密教と呼ばれる形態は、仏教であろうとヒンドゥー教であろうと、それまでの形態の上に加えられたものである。たとえば、仏教密教の場合、顕教の基礎的な枠組の上に密教の思想・実践形態が加えられるのであって、顕教がそれまで築きあげてきた思想や実践形態を破壊して、その後にまったく新しいものを作りあげたのではない。顕教の思想的根幹である空思想は、密教においてもやはり根本的思想として継承されるのである。

密教の密教たる要素とは、顕教的要素に人間が古来から有してきた宗教の方法を加味したことにある。たとえば、元来は成仏を目的としない印欧民族の儀礼である「火への奉献」、つまりホーマ（護摩《ごま》）を、集団的宗教行為としてのホーマの要素を残したまま、成仏を求める仏教古来の個人的宗教行為として行うようにしたのである。成仏を求めるという仏教本来の行為の遂行のためにホーマという儀礼の力を借りたということになる。もっとも、儀礼中心主義の立場に立って、古代からのホーマという儀式の中に成仏を求めるという仏教の目的をかたちとして入れることによって社会的なランク付けを得ながら、もっぱらホーマによって「身についた法力」によって現《げん》世利益《ぜりやく》を追求する行者もいたことだろう。そのような行者たちは、古代から続いている呪術者たちのグループに属すと考えるべきであろう。

密教は、個人の精神的至福（ニヒシュレーヤサ）を求める個人的宗教行為を中心とする型の宗教（顕教）と古代から続いてきた集団的宗教行為を中心とする形態とが統一してできあがった宗教形態である。個人的宗教行為と集団的宗教行為とがどのように統一したかは、密教の歴史の中でさまざまであるが、一般的には前者が支配的である。基礎となった型の宗教（顕教）が求める宗教的「財」（悟り等）をあきらめるのではなく、異なった型の宗教に見られるシンボリズムや儀礼の機能を自らに取りこもうとした試みが密教なのである。

古代から続いているシンボリズムや儀礼は、もちろん古代から続いたかたちのままで密教の中に取りこまれたわけではない。多くの場合、それらは内化・精神化された。たとえば、ヴェーダ祭式を代表するホーマを自らの儀礼として密教は受け入れながら、「内的」つまり精神的には煩悩を焼く行為としての意味を与えたのである。このような儀礼の内化によって密教は、人間が古代から持ちつづけてきた豊かなシンボリズム——たとえば、火のシンボリズム——を自らのシステムへと組み入れることができたのである。今日、人々は人間が古代から保ちつづけてきたシンボリズムや儀礼の中から今日のわれわれにとって示唆的なものをふたたび探しはじめているようだ。七、八世紀のインドにおいて、さらには九世紀の日本において訪れたタントリズムの洪水が、日本に、そして世界におしよせている。古代の儀礼やシンボリズムを今日的な意味で「内化」することに、われわれは成功するだろうか。

あとがき

三年前の秋、大阪千里のホールで密教について講演したことがあった。一時間ほど「密教の歴史と思想」について話し終わると、聴衆の中から、一人の男性が発言した。「今のお話しでは密教の本質が語られなかった。わたしが思うに、キリスト教の本質は愛であり、イスラム教のそれは力、仏教の本質は慈悲だと思う。密教の本質を一言でいってほしい」。

六十歳は越えていると思われたその発言者が宗教関係の多くの書を読んでいることは見てとれた。一時間にわたって——一時間でも足りないのではあるが——仏教密教（仏教タントリズム）がいかに複雑で多元的なものであるかを語った——そのつもりであった——直後に、「ようするに何か」と質問されたわけである。

もっとも「キリスト教の本質は愛、仏教のそれは慈悲」というようなまとめ方で本質を語っているとするならば、「密教の本質は行《ぎょう》である」と答えれば済むと思う。実際、わたしはかの質問者（批判者）には「密教の本質は行であります」と答えた。ともあれ、わたしの講演の内容が明解でなかったので、あのような発言も出たにちがいない。ひとえにわたしの力不足だ。

それにしても、わたしには一つのわだかまりが残った。何事も「一言」で片づけようとする態度がわれわれ日本人には多すぎるのではないか。これまでにもそのような態度の人に多く会った。わたし自身、考察の対象が複雑になると「全対象を直観することが大切だ」などといってしまうことがある。

だが、自分の経験から推察するに、ドイツ・アメリカなどでは「キリスト教や仏教の本質を一言でいえ」というような発言はほとんど考えられない。まして「哲学の国」インドではまずあり得ない。インド人は直観も重視しはするが、その前にまず言葉を尽くすのである。「密教とは何か」などとインド人の研究者に尋ねようものなら、一、二時間は彼の体系的説明が続くのである。

インド人や欧米人が歴史的な事件や思想形態を理解しようとする場合、彼らはその歴史的複合体としての事件や思想形態を成立せしめた要因・要素をひとつひとつ解きほぐした上で、かの複合体がそれぞれの歴史や地域の中でどのように機能したかを、次第を追って説明しようとする。密教はまさしくそのような手順で考察・説明さるべき歴史的複合体であると思われる。

では、本書は、「一言で」密教の本質をいうのでなければ、歴史的な複合体としての構造を明確に説明しているのか。

「そうだ」と答える自信は残念ながらない。しかし、密教という歴史的複合体を多元的な側面から説明しようと努めた結果が本書である、とはいえる。

第一章は、主としてインドにおける密教の全体的構造を、ヒンドゥー密教をも視野に入れながら述べた。第二章は、インドにおける仏教密教の歴史的背景を概観した。第三章は、仏教密教における世界観の特質をマンダラと仏塔に焦点を当ててとり上げ、次の第四章では、密教にとって重要な要素であるパンテオン（仏・菩薩・女尊・護法神等）の図像学的特徴をネパール（ネワール）密教のパンテオンに焦点をあてて考察した。第五章は、仏教密教では大きな位置を占めるチベット密教の歴史的概観である。第六章では、ブータンの密教、特に密教の行法の一つである観想法（成就法《じょうじゅほう》）に触れた。第七章は、中国における密教史の概観をし、第八章は、空海に至るまでの日本密教と空海の密教思想を考察した。エピローグでは、密教（タントリズム）の歴史から学ぶべきことを考えた。

このように本書の内容は歴史的には長期にわたり、地理的には広い地域を対象としている。密教はこれまでの人類の歴史の中で生まれてきたさまざまな宗教の総合である。したがって、その理解のためには複眼的な観点を持たなくてはならない。本書がその複眼的観点を持つために何らかの役に立てばと祈るばかりである。

国立民族学博物館教授栗田靖之氏・写真家横田憲治氏・チベット研究者貞兼綾子氏・堀秀夫氏からは貴重な写真をお借りすることができた。本書の中の白描画は、ことわりがないかぎり、

Gautam R. Bajracharya氏の作品である。ここに記して謝意を表したい。吉川弘文館編集部の大岩由明氏と杉原珠海氏には編集のさまざまな局面でお世話になった。厚く御礼申し上げる次第である。

一九九八年一〇月

立川武蔵

著者紹介
一九四二年、愛知県生まれ
一九六四年、名古屋大学文学部哲学科卒業
現在国立民族学博物館教授
主要著書
中論の思想　ブッダの哲学　女神たちのインド　はじめてのインド哲学　日本仏教の思想

歴史文化ライブラリー
52

密教の思想

一九九八年一二月一日　第一刷発行

著者　立《たち》川《かわ》武《む》蔵《さし》

発行者　吉川圭三

発行所　株式会社吉川弘文館
東京都文京区本郷七丁目二番八号
郵便番号一一三—〇〇三三
電話〇三—三八一三—九一五一〈代表〉
振替口座〇〇一〇〇—五—二四四

印刷＝平文社　製本＝ナショナル製本
装幀＝山崎　登（日本デザインセンター）

歴史文化ライブラリー

1996.10

刊行のことば

現今の日本および国際社会は、さまざまな面で大変動の時代を迎えておりますが、近づきつつある二十一世紀は人類史の到達点として、物質的な繁栄のみならず文化や自然・社会環境を謳歌できる平和な社会でなければなりません。しかしながら高度成長・技術革新にともなう急激な変貌は「自己本位な刹那主義」の風潮を生みだし、先人が築いてきた歴史や文化に学ぶ余裕もなく、いまだ明るい人類の将来が展望できていないようにも見えます。

このような状況を踏まえ、よりよい二十一世紀社会を築くために、人類誕生から現在に至る「人類の遺産・教訓」としてのあらゆる分野の歴史と文化を「歴史文化ライブラリー」として刊行することといたしました。

小社は、安政四年（一八五七）の創業以来、一貫して歴史学を中心とした専門出版社として書籍を刊行しつづけてまいりました。その経験を生かし、学問成果にもとづいた本叢書を刊行し社会的要請に応えて行きたいと考えております。

現代は、マスメディアが発達した高度情報化社会といわれますが、私どもはあくまでも活字を主体とした出版こそ、ものの本質を考える基礎と信じ、本叢書をとおして社会に訴えてまいりたいと思います。これから生まれでる一冊一冊が、それぞれの読者を知的冒険の旅へと誘い、希望に満ちた人類の未来を構築する糧となれば幸いです。

吉川弘文館

〈オンデマンド版〉
密教の思想

歴史文化ライブラリー
52

2017年（平成29）10月1日　発行

著　者　立《たち》川《かわ》武《む》蔵《さし》
発行者　吉川道郎
発行所　株式会社　吉川弘文館
〒113-0033　東京都文京区本郷7丁目2番8号
TEL　03-3813-9151〈代表〉
URL　http://www.yoshikawa-k.co.jp/

印刷・製本　大日本印刷株式会社
装　幀　清水良洋・宮崎萌美

立川武蔵（1942～）

ISBN978-4-642-75452-1